[개정판]

스토리와
함께하는

처음
일본어

이준섭(李濬燮)
도쿄대학(東京大学) 박사과정 수료(表象文化論, 일본근세문학)
경북대학교 일어일문학과 교수

채수도(蔡數道)
주오대학(中央大学) 박사과정 졸업(일본정치사), 정치학 박사
경북대학교 일어일문학과 교수

이자호(李慈鎬)
와세다대학(早稲田大学) 박사과정 졸업(일본어학), 문학박사
경북대학교 일어일문학과 교수

조헌구(趙軒求)
주오대학(中央大学) 박사과정 졸업(일본근·현대문학), 문학박사
경북대학교 일어일문학과 조교수

장유리(張유리)
나고야대학(名古屋大学) 박사과정 졸업(일본문화학), 문학박사
경북대학교 일어일문학과 조교수

스토리와 함께하는 처음 일본어[개정판]

초판 1쇄 2021년 2월 28일 | **제2판 2쇄** 2025년 2월 24일
지은이 이준섭·채수도·이자호·조헌구·장유리 | **일본어 녹음** 오수문·츠네요시 미호코(恒吉美帆子)·야마다 후미토(山田章人)·아키바야시 아유미(秋林鮎美) | **본문 일러스트** 김형우
펴낸이 허영우 | **펴낸 곳** 경북대학교출판부
출판등록 1973년 10월 10일 ㉣97호 | **주소** 대구광역시 북구 대학로 80
전화 053-950-3830 | **팩스** 053-953-4692
이메일 press@knu.ac.kr | **홈페이지** http://knupress.com
ISBN 978-89-7180-570-1 93730

정가는 뒤표지에 있습니다. 파본은 바꾸어 드립니다.

[개정판]

스토리와 함께하는 처음 일본어

이준섭 · 채수도 · 이자호 · 조헌구 · 장유리 지음

경북대학교출판부

CONTENTS

0 일본어의 문자와 발음 _007

1 일본어의 문자 · 008 | 2 일본어의 발음 · 013

1 ぼくは うらしま たろうだー！_019

문법 1 ~は | 2 ~の | 3 명사 + だ / では ない | 4 다양한 인사말 | 5 인칭대명사 · 022

연습문제 · 024 표현해 봅시다 · 026

2 これは なんだ _029

문법 1 こそあど | 2 なん/なに(何) | 3 ~が | 4 ある/ない | 5 ~も | 6 どうぞ와 どうも · 032

연습문제 · 034 표현해 봅시다 · 036

3 12,000えんです _039

문법 1 です/ですか/では ありません | 2 はい/いいえ | 3 숫자 세기 | 4 시간 말하기 · 042

연습문제 · 044 표현해 봅시다 · 046

4 高い。すごく 高い _049

문법 1 い형용사 활용 | 2 ~に/には | 3 ~けど | 4 다양한 숫자 읽기 · 052

연습문제 · 055 표현해 봅시다 · 057

5 この 店には 元気で 親切な 人が ベストですけど _059

문법 1 な형용사 활용 | 2 ~で | 3 でした/でしたか/では ありませんでした
4 소개하기 | 5 날짜 말하기 · 062

연습문제 · 065 표현해 봅시다 · 067

CONTENTS

6 今日から うちの 店で 働きます _069

문법 1 동사 활용 | 2 동사 + ます/ません | 3 ~ので | 4 ~が | 5 から/まで ·072

연습문제 · 074 표현해 봅시다 · 076

7 店長を 呼んで _079

문법 1 동사 + て | 2 동사 ます형 + たい | 3 명사·동사 ます형 + に ·082

연습문제 · 084 표현해 봅시다 · 086

8 さっきは 悪かった _089

문법 1 형용사 + かった/だった | 2 동사 + 명사 | 3 ~に 会う | 4 ある / いる | 5 ~ばかり ·092

연습문제 · 094 표현해 봅시다 · 096

9 太郎くんが 努力した 結果ですよ _099

문법 1 동사 + た/ました | 2 명사·동사 て형 + ください | 3 ~に/く なる ·102

연습문제 · 104 표현해 봅시다 · 106

10 泣かないで _109

문법 1 동사 + ない | 2 ~ないで ください | 3 동사 + ましょう | 4 ~から ·112

연습문제 · 114 표현해 봅시다 · 116

부록 일본어 동사 · 형용사 활용표 · 119

스토리와
함께하는
처음 일본어

第 0 課

일본어의 문자와 발음

1 일본어의 문자

2 일본어의 발음

0 일본어의 문자와 발음

1 일본어의 문자 | 2 일본어의 발음

1. 일본어의 문자

일본어의 문자는 히라가나(ひらがな), 가타카나(カタカナ), 한자(漢字)의 세 종류이며 일반적으로 세 문자 모두를 활용한 한자가나혼합문으로 일본어 문장을 씁니다.

예 私の 名前は マリアです。

• **고쥬온즈**(五十音図, 오십음도)

● 히라가나(ひらがな) ●

행 단	あ [a]	か [ka]	さ [sa]	た [ta]	な [na]	は [ha]	ま [ma]	や [ya]	ら [ra]	わ [wa]	
あ [a]	あ	か	さ	た	な	は	ま	や	ら	わ	ん
い [i]	い	き	し	ち	に	ひ	み		り		
う [u]	う	く	す	つ	ぬ	ふ	む	ゆ	る		
え [e]	え	け	せ	て	ね	へ	め		れ		
お [o]	お	こ	そ	と	の	ほ	も	よ	ろ	を	

● 가타카나(カタカナ) ●

행 단	ア [a]	カ [ka]	サ [sa]	タ [ta]	ナ [na]	ハ [ha]	マ [ma]	ヤ [ya]	ラ [ra]	ワ [wa]	
ア [a]	ア	カ	サ	タ	ナ	ハ	マ	ヤ	ラ	ワ	ン
イ [i]	イ	キ	シ	チ	ニ	ヒ	ミ		リ		
ウ [u]	ウ	ク	ス	ツ	ヌ	フ	ム	ユ	ル		
エ [e]	エ	ケ	セ	テ	ネ	ヘ	メ		レ		
オ [o]	オ	コ	ソ	ト	ノ	ホ	モ	ヨ	ロ	ヲ	

• 히라가나

행					
あ행	あ	い	う	え	お
	あい(愛)	いいえ	うえ(上)	え(絵)	おうち(お家)
か행	か	き	く	け	こ
	かき(柿)	き(木)	くうき(空気)	けいかく(計画)	ここ
さ행	さ	し	す	せ	そ
	さそい(誘い)	しお(塩)	すし	せかい(世界)	そう
た행	た	ち	つ	て	と
	たいせつ(大切)	ちいき(地域)	つき(月)	て(手)	とき(時)
な행	な	に	ぬ	ね	の
	なな(七)	におい(匂い)	ぬの(布)	ねこ(猫)	のう(能)

は행

は	ひ	ふ	へ	ほ
はは(母)	**ひ**と(人)	**ふ**かふか	**へ**そ	**ほ**うほう(方法)

ま행

ま	み	む	め	も
また	**み**せ(店)	**む**すめ(娘)	**め**(目)	**も**の(物)

や행

や	ゆ	よ
やさい(野菜)	**ゆ**め(夢)	**よ**あけ(夜明け)

ら행

ら	り	る	れ	ろ
らいにち(来日)	**り**ゆう(理由)	**る**す(留守)	**れ**きし(歴史)	**ろ**うそく

わ행과 ん

わ	を	ん
わたし(私)	えいが**を** みる (映画を見る)	ふと**ん**(布団)

• 가타카나

행					
ア행	ア	イ	ウ	エ	オ
カ행	カ	キ	ク	ケ	コ
サ행	サ	シ	ス	セ	ソ
タ행	タ	チ	ツ	テ	ト
ナ행	ナ	ニ	ヌ	ネ	ノ
ハ행	ハ	ヒ	フ	ヘ	ホ

マ행

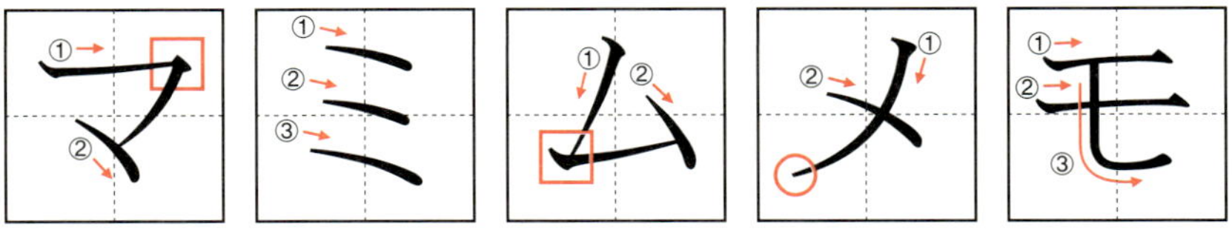

ヤ행

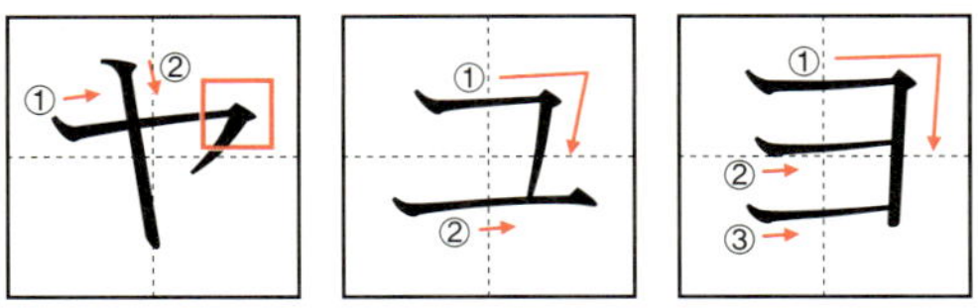

ラ행

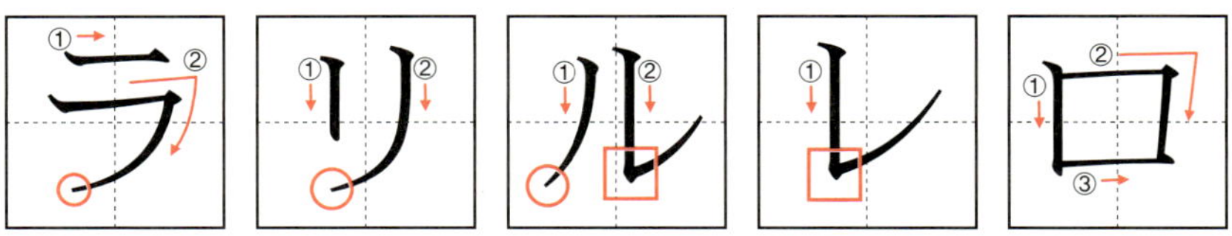

ワ행과 ン

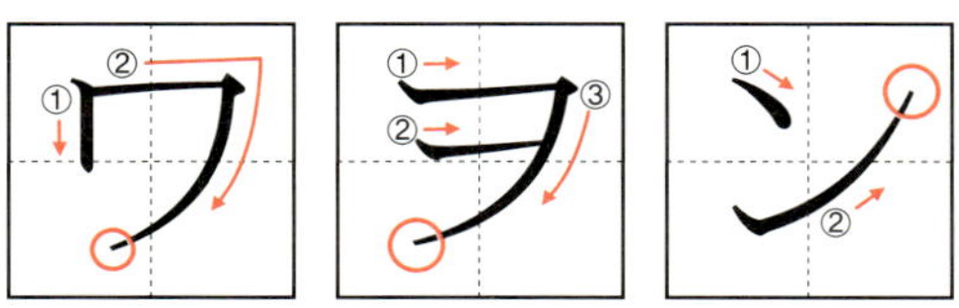

*** 가타카나로 읽는 단어**

① 외래어

オアシス	カラオケ	ケア	セルフ	トマト
アフリカ	イエス	ウィル·スミス	チャ·ウヌ	

② 의성어·의태어

ワクワク　　キラキラ　　ワンワン

③ 강조하고 싶은 말

『ホタルノヒカリ』(テレビドラマ、2007)
これは 私の イノチです。

2. 일본어의 발음

(1) 청음과 탁음(濁音), 반탁음(半濁音)

청음은 가나 그대로의 소리이며 탁음은 가나에 탁점(濁点, ˝)을 찍어 발음하는 소리입니다. 탁음은 か·さ·た·は행에 붙습니다.

が행

が	ぎ	ぐ	げ	ご
[ga]	[gi]	[gu]	[ge]	[go]
ガ	ギ	グ	ゲ	ゴ

ざ행

ざ	じ	ず	ぜ	ぞ
[za]	[zi]	[zu]	[ze]	[zo]
ザ	ジ	ズ	ゼ	ゾ

だ행

だ	ぢ	づ	で	ど
[da]	[ji]	[zu]	[de]	[do]
ダ	ヂ	ヅ	デ	ド

ば행

ば	び	ぶ	べ	ぼ
[ba]	[bi]	[bu]	[be]	[bo]
バ	ビ	ブ	ベ	ボ

반탁음은 가나에 반탁점(半濁点, ˚)을 붙여서 내는 소리로 반탁점은 は행에 붙습니다.

ぱ행

ぱ	ぴ	ぷ	ぺ	ぽ
[pa]	[pi]	[pu]	[pe]	[po]
パ	ピ	プ	ペ	ポ

(2) 요음(拗音)

요음은 い단 옆에 や·ゆ·よ를 작게 써서 나타내는 음입니다.

	き	し	ち	に	ひ	み	り	ぎ	じ	ぢ	び	ぴ
や	きゃ	しゃ	ちゃ	にゃ	ひゃ	みゃ	りゃ	ぎゃ	じゃ	ぢゃ	びゃ	ぴゃ
ゆ	きゅ	しゅ	ちゅ	にゅ	ひゅ	みゅ	りゅ	ぎゅ	じゅ	ぢゅ	びゅ	ぴゅ
よ	きょ	しょ	ちょ	にょ	ひょ	みょ	りょ	ぎょ	じょ	ぢょ	びょ	ぴょ

	キ	シ	チ	ニ	ヒ	ミ	リ	ギ	ジ	ヂ	ビ	ピ
ヤ	キャ	シャ	チャ	ニャ	ヒャ	ミャ	リャ	ギャ	ジャ	ヂャ	ビャ	ピャ
ユ	キュ	シュ	チュ	ニュ	ヒュ	ミュ	リュ	ギュ	ジュ	ヂュ	ビュ	ピュ
ヨ	キョ	ショ	チョ	ニョ	ヒョ	ミョ	リョ	ギョ	ジョ	ヂョ	ビョ	ピョ

(3) 장음(長音)

장음은 앞 글자의 모음을 한 박자 더 길게 발음하는 것으로 히라가나는 앞 글자 뒤에 あいうえお의 모음을 덧붙여 나타냅니다. 가타카나는 ー로 장음을 나타냅니다.

장음의 예				
あ단 + あ	おかあさん(お母さん)		おばあさん	
い단 + い	おにいさん(お兄さん)		おじいさん	
う단 + う	くうき(空気)		すうじ(数字)	
え단 + え 또는 い	おねえさん(お姉さん)		せんせい(先生)	
お단 + お 또는 う	おおい(多い)		いもうと(妹)	
가타카나 + ー	ニューヨーク	メール	ノート	ヒーロ

(4) 촉음(促音)

촉음은 한 박자 막히는 듯한 소리 뒤에 강한 자음 발음이 이어지는 소리로 히라가나에서는 っ, 가타카나에서는 ッ로 나타냅니다. か·さ·た·ぱ행 앞에 붙으며 외래어에서는 ザ·ダ 등의 행 앞에서도 붙을 수 있습니다.

か행	がっこう(学校) [gakkou]	さっき [sakki]
さ행	ざっし(雑誌) [zassi]	きっさてん(喫茶店) [kissateN]
た행	きって(切手) [kitte]	おっと(夫) [otto]
ぱ행	いっぱい [ippai]	やっぱり [yappari]
외래어	キッズ	ベッド

(5) 발음(撥音)

ん/ン으로 나타내는 발음은 다음의 네 가지 소리가 있습니다.

① ま·ば·ぱ행 앞에서는 [m]으로 발음합니다.

さんま [samma]　　しんぶん(新聞) [simbuN]　　せんぱい(先輩) [sempai]

② ざ·た·だ·な·ら행 앞에서는 [n]으로 발음합니다.

かんじ(感じ) [kanʤi]　**かんたん**(簡単) [kantaN]　**ほんだな**(本棚) [hondana]
そんな [sonna]　**しんり**(心理) [sinri]

③ か·が행 앞에서는 [ŋ]으로 발음합니다.

にんき(人気) [niŋki]　**おんがく**(音楽) [oŋgaku]

④ あ·さ·は·や·わ행의 앞과 ん으로 끝날 때는 [N]으로 발음합니다.

れんあい(恋愛) [reNai]　**かんしゃ**(感謝) [kaNsya]　**よんひゃく**(四百) [yoNhyaku]
ほんやく(翻訳) [hoNyaku]　**でんわ**(電話) [deNwa]　**にんげん**(人間) [niŋgeN]

COLUMN

이로하 우타(いろは歌)

「いろはにほへと」로 시작되는 이로하 노래는 일본의 문화를 대표하는 노래이다. 그러나 유감스럽게도 시대의 변화와 함께 이 노래 전부를 틀리지 않게 정확히 읊을 수 있는 사람은 줄어들었다. 의미까지 포함해서 말할 수 있는 사람은 더욱더 많지 않을 것이다. 이로하 노래는 47자의 가나(仮名) 문자를 모두 한 번씩 사용하여 만든 7·5조의 노래로서 'いろはにほへと ちりぬるを わかよたれそ つねならむ うゐのおくやま けふこえて あさきゆめみし ゑひもせす(色は匂へど 散りぬるを 我が世誰ぞ 常ならむ 有為の奥山 今日越えて 浅き夢みじ 酔ひもせず)'를 가리킨다. 문장 속의 '有為'는 불교 용어로, 인연에 의해서 생겨나는 모든 사물을 의미한다. 여기에서 유래하여 유위의 깊은 산이란 무상(無常)의 현세, 어디까지나 계속되는 심산유곡을 비유하는 표현이 되었다. 중세부터 현대에 이르기까지 해석이 다양하지만 대체로 '향기 나는 아름다운 꽃도 진다. 이 세상에 누가 불변할 수 있으랴. 지금 현세를 초월해 덧없는 꿈을 꾸거나 술에 취해 있지 않으리' 등의 불교적 무상을 노래한 것으로 해석해 왔다. 마지막에 '京'이나 'ん'을 더하기도 한다. 이 노래는 가나 글자 공부할 때 습자용으로 사용되었으며 자모표로서 사전의 배열 순서로도 널리 이용되었다. 지금도 일본에서는 가나 문자로 순서를 매길 때 あ(ア), い(イ), う(ウ), え(エ), お(オ)…와 더불어 い(イ), ろ(ロ), は(ハ), に(ニ), ほ(ホ)…와 같이 활용하기도 한다. '맨 처음'이라는 뜻의 일본어 'いの一番'의 'い'도 'いろは歌'의 맨 첫 자에서 따온 것이다.

또한, 옛 문헌에서는 내용에 따른 7·5조 대신 한 행에 7자씩 쓰는 방법도 사용한다(7자×6행+5자). 이 경우 각 단락의 마지막 문자를 읽으면 'とかなくてしす(억울하게 죽었다)'라는 뜻의 문장이 숨어 있는 암호가 된다. 일본의 국민극『가나데혼 주신구라(仮名手本忠臣蔵)』에서는 이로하 47자가 아코로닌(赤穂浪人) 47사(士)와 겹쳐 있어 '창고에 가득 채울 만큼 많은 충신'을 의미하는데, 이 암호가 널리 알려져 있다는 전제하에 작품이 성립되었다고 주장하기도 한다. 이로하 노래가 보이는 가장 오래된 문헌은『곤코묘사이쇼오쿄온기(金光明最勝王經音義)』(1079)이며, 이로하 순으로 된 사전의 대표는『이로하지루이쇼(色葉字類抄)』이다. 사물의 시작이나 기본으로, 또 순위 등을 나타내는 말로써 이용되어 온 이로하 노래는 그 역사성과 더불어 사물의 진리가 문자 안에 감춰져 있는 점, 아직 해명되어 있지 않은 점 등으로 인해 다방면에서 연구 대상이 되고 있다.

ストーリー

うらしま たろう 이야기

옛날옛적에 うらしま たろう라는 젊은 어부가 살고 있었어요.

어느 날 うらしま たろう는 바닷가에서 아이들이 거북이를 괴롭히고 있는 것을 발견하고 거북이를 구해 주었어요. 목숨을 구해 준 うらしま たろう가 고마웠던 거북이는 그를 바다 속 용궁으로 초대했답니다.

처음으로 용궁에 가 본 うらしま たろう는 맛있는 음식과 아름다운 풍경에 취해 시간 가는 줄 모르고 즐겁게 지냈어요. 하지만 신기하고 즐거운 용궁 생활이 익숙해지자 うらしま たろう는 점점 떠나온 고향이 그리워졌어요. うらしま たろう는 용궁의 공주님에게 고향에 다녀오겠다고 이야기했고 그 이야기를 들은 공주님은 보석 상자를 주며 다시 용궁으로 돌아오고 싶다면 절대로 상자를 열지 말라고 부탁했어요.

용궁을 뒤로하고 3년 만에 고향으로 돌아온 うらしま たろう는 깜짝 놀랐어요. 자기가 알던 고향과는 너무 달라진 것이 아니겠어요. 사실 용궁에서의 1년은 현실에서 100년에 해당하는 시간이었거든요. 300년 뒤의 고향에 혼자 남아 당황한 うらしま たろう는 공주님의 부탁도 깜빡 잊고 상자를 열어 버렸어요. 그러자 상자 속에서 보라색 연기가 펑 하고 피어오르더니 うらしま たろう는 그만 머리와 수염이 새하얀 노인이 되고 말았답니다.

とうじょうじんぶつ

登場人物
등장인물

うらしま たろう

うらしま たろう | 용궁에서 고향으로 돌아오는 길에 현재의 도쿄로 타임 슬립하게 된 주인공

ゆか

ゆか | 도쿄에 사는 평범한 대학생. 우연히 자신의 방으로 흘러 들어온 うらしま たろう와 만나게 됨

かぐや

かぐや | うらしま たろう가 아르바이트하는 가게에서 만난 의문의 여성

스토리와
함께하는
처음 일본어

第1課

ぼくは うらしま たろうだー！

1 ~は

2 ~の

3 명사 + だ/では ない

4 다양한 인사말

5 인칭대명사

1 ぼくは うらしま たろうだー！

1 ~は | 2 ~の | 3 명사 + だ/では ない | 4 다양한 인사말 | 5 인칭대명사

Scene #1

ゆか의 방 안, 현대로 흘러온 うらしま たろう를 만나다

Track 1

ゆ か　えっ、あなた だれ?

たろう　ぼくは うらしま たろうだー! きみは だれだ?!

ゆ か　あ、はじめまして。わたしは たむら ゆか……え? え?
うらしま たろう??
おとぎばなしの うらしま たろう?!

たろう　うーむ、ぼくの ふるさとの ひとでは ないな。

ゆ か　うらしま たろうの ふるさとは きょうとだよね。
わたしは とうきょうの だいがくせいだよ。

たろう　まいったなー。

새로 나온 단어 Vocabulary

あなた 당신, 너
だれ(誰) 누구
ぼく(僕) 나
は ~은/는
きみ(君) 너
はじめまして 처음 뵙겠습니다
わたし(私) 나
おとぎばなし(おとぎ話) 옛날이야기
の ~의
きょうと(京都) 교토
ふるさと(古里/故郷) 고향
ひと(人) 사람
とうきょう(東京) 도쿄
だいがくせい(大学生) 대학생
まいった(参った) 졌어, 곤란하네

문법

1 ~は

あなたは だいがくせい?

ふるさとは テグだよ。

2 ~の

『きみの なは。』

ともだちの キムさんは だれ?

3 명사 + だ/では ない

わたしの だいがくは キョンブックだいがくだ。

わたしの なまえは たろうでは ない。

TIP では ないは じゃ ない로 바꾸어 쓸 수 있다.
わたしの なまえは たろうじゃ ない。

4 다양한 인사말

おはよう（ございます）/ こんにちは / こんばんは

はじめまして。どうぞ よろしく おねがいします。

ありがとう（ございます）/ すみません

いただきます / ごちそうさまでした

さようなら / では、また

5 인칭대명사

1인칭	わたし(私)、ぼく(僕)
2인칭*	あなた、きみ(君)
3인칭	かれ(彼)、かのじょ(彼女)

TIP 일본어에서는 대화에서 상대방을 지칭할 때 2인칭 대신 さん/ちゃん/くん 등을 붙여 이름을 직접적으로 부르는 경우가 많음

새로 나온 단어 Vocabulary

테グ(大邱) 대구
な(名)/なまえ(名前) 이름
ともだち(友達) 친구
さん ~씨
だいがく(大学) 대학
ちゃん 사람 이름 뒤에 붙여 친근하게 이르는 호칭
くん(君) ~군

연습문제

1. 주어진 단어를 활용하여 보기와 같은 문장을 만드세요.

<보기>

ふるさとは きょうとだよ。

(1) ぼく / かんこくじん

⇒

(2) あさごはん / パン

⇒

(3) ゆか / だいがくせい

⇒

2. 주어진 단어를 활용하여 보기와 같은 문장을 만드세요.

<보기>

わたしの なまえ

(1) おおさか / ひと

⇒

(2) あした / テスト

⇒

(3) かいしゃいん / かれ

⇒

3. 빈칸에 알맞은 말을 넣어 주어진 문장과 같은 의미의 문장으로 만드세요.

(1) ぼくは うらしま たろうだ。

⇒ ぼくは ももたろう(　　　　　　　　　)。

(2) ソさんは こうこうせいじゃ ない。

⇒ ソさんは だいがくせい(　　　　　　　　　)。

(3)『クレヨン しんちゃん』は ちゅうごくの アニメでは ない。

⇒『クレヨン しんちゃん』は にほんの アニメ(　　　　　　　　　)。

4. 다음 밑줄 친 の 중 보기의 밑줄 친 の와 같은 의미로 쓰인 것은 무엇인가요?

<보기>

にほんの アイドルの ARASHI

① えいがの タイトル

② ふるさとの きょうと

③ スタンフォードだいがくの ひと

④ あしたの ジョー

새로 나온 단어 Vocabulary

かんこくじん(韓国人) 한국인
あさごはん(朝ご飯) 아침밥
パン 빵
おおさか(大阪) 오사카
あした(明日) 내일
テスト 테스트
かいしゃいん(会社員) 회사원
かれ(彼) 그
こうこうせい(高校生) 고등학생
おとこ(男) 남자
ちゅうごく(中国) 중국
アニメ 애니메이션
にほん(日本) 일본
アイドル 아이돌
えいが(映画) 영화
タイトル 타이틀, 제목

표현해 봅시다

다음 대화문처럼 오늘 처음으로 만난 일본인 친구 ゆか에게 인사를 건네 보세요.

イ：はじめまして、イ サンフンです。
どうぞ よろしく おねがいします。

ゆか：はじめまして、たむら ゆかです。
こちらこそ よろしく おねがいします。

はじめまして、__________です。
どうぞ よろしく おねがいします。

はじめまして、__________です。
こちらこそ よろしく おねがいします。

새로 나온 단어 Vocabulary

こちらこそ 이쪽이야말로

COLUMN

うらしま たろう의 고향은 어디인가

うらしま たろう의 이야기는 일본 여러 지방에 전해져 내려오는 전설에서 유래되었는데 전설이 전해지는 각 지방에는 うらしま たろう를 모신 신사(神社, じんじゃ)가 있거나 うらしま たろう의 동상이 세워져 있기도 합니다.

따라서 うらしま たろう의 고향을 어느 한 군데로 특정하는 것은 어려운 일이지만 うらしま 전설이 실린 가장 이른 시기의 책인 『단고국 풍토기(丹後国風土記)』에 따르면 うらしま たろう가 태어난 곳은 요사군(与謝郡, よさぐん)이라 기록되어 있습니다. 일본의 옛 지명인 요사군은 현재의 교토(京都, きょうと) 북부에 위치하고 있기에 이 책에서는 うらしま たろう의 고향을 교토로 설정하였습니다.

メモ

스토리와
함께하는
처음 일본어

第 2 課

これは なんだ

1 こそあど

2 なん/なに(何)

3 ~が

4 ある/ない

5 ~も

6 どうぞ와 どうも

2 これは なんだ

1 こそあど | 2 なん/なに(何) | 3 ~が | 4 ある/ない | 5 ~も | 6 どうぞ와 どうも

Scene #2

ゆか의 방 안, 현재가 낯선 うらしま たろう

Track 2

ゆ　か　どうぞ。

たろう　あ、どうも。おえっ、これは　なんだ。

ゆ　か　アイスコーヒーだよ。

たろう　はじめての　あじだ。おちゃは　ないか。

ゆ　か　おちゃも　あるよ。

たろう　おおー、それは　なんだ。

ゆ　か　これは　でんきポット……これも　はじめて?

たろう　うむ。あれも　これも　ぜんぶ　はじめてだ。

ゆ　か　ふー、これから　すべてが　べんきょうだね。

새로 나온 단어 Vocabulary

どうぞ 무언가를 권할 때 쓰는 말. 여기서는 '드세요'의 의미

どうも 고맙습니다, 미안합니다

これ 이것

なん(何) 무엇

アイスコーヒー 아이스커피

はじめて(初めて·始めて) 처음(으로), 비로소, 첫 번째(로)

あじ(味) (음식의) 맛

おちゃ(お茶) (엽)차

ある 있다

それ 그것

も ~도

でんきポット(電気ポット) 전기 포트

あれ 저것

ぜんぶ(全部) 전부, 모두

これから 이제부터

すべて(全て) 전체, 모조리

が ~이/가

べんきょう(勉強) 공부

문법

1 こそあど

	근칭(이)	중칭(그)	원칭(저)	부정칭(어느)
기본	こ	そ	あ	ど
사물	これ(이것)	それ(그것)	あれ(저것)	どれ(어느 것)
장소	ここ(여기)	そこ(거기)	あそこ(저기)	どこ(어디)
방향	こちら(이쪽)	そちら(그쪽)	あちら(저쪽)	どちら(어느 쪽)
연체	この	その	あの	どの
사람	この ひと	その ひと	あの ひと	だれ
	この かた(方)	その かた	あの かた	どなた

これは カバンだ。

それは ラジオでは ない。ラジオは あれだ。

2 なん/なに(何)

これは なんだ。

それは なんの えいが?

あなたの カバンは なにいろ?

3 ~が

この ひとが あの じけんの はんにんだ。

あそこが スカイツリーだ。

4 ある / ない

かんこくの えいがは にんきが ある？

あの ひとは みりょくが ない。

위치표현(うえ·した·みぎ·ひだり·まえ·うしろ·そと·なか)

5 ~も

これも それも ぜんぶ わたしの ものだ。

たべものは なにも ない。

6 どうぞ와 どうも

A: これ、どうぞ。/ B: どうも ありがとう。

どうも すみません。

새로 나온 단어 Vocabulary

カバン 가방
ラジオ 라디오
いろ(色) 색, 색깔
じけん(事件) 사건
はんにん(犯人) 범인
かんこく(韓国) 한국
にんき(人気) 인기
みりょく(魅力) 매력
うえ(上) 위
した(下) 아래
みぎ(右) 오른쪽
ひだり(左) 왼쪽
まえ(前) 앞
うしろ(後ろ) 뒤
そと(外) 밖
なか(中) 안, 속
もの(物) 것, 물건, 물체, 물질
たべもの(食べ物) 음식물, 먹을 것

연습문제

1. 다음 빈칸에 こそあど의 지시대명사를 활용하여 가장 적합한 것을 넣어 주세요.

(1) A: せんせいの コーヒーは (　　　　　　　)?

B: あれ。

(2) A: キムさんの コーヒーは (　　　　　　　)?

B: あそこじゃ ない?

(3) A: わたしの コーヒーは (　　　　　　　) コーヒーか。

B: あれだよ。

(4) A: その こが ハンちゃん?

B: うん、(　　　　　　　) こが ハンちゃんだよ。

(5) A: わたしの ボールペンは どこ?

B: あそこ。

A: (　　　　　　　) ボールペン?

B: そう。

2. 다음 말과 반대가 되도록 알맞은 것을 선택해 주세요.

いえの まえ / いえの (　　　　)

① うしろ　② そと　③ となり

テーブルの うえ / テーブルの (　　　　)

① みぎ　② まえ　③ した

へやの なか / へやの (　　　　)

① ひだり　② そと　③ うえ

3. 주어진 단어를 활용하여 보기와 같은 문장을 만드세요.

<보기>

ボールペンは ない、でも えんぴつは ある。

(1) ごはん / ラーメン

⇒

(2) タブレット / ノートパソコン

⇒

(3) げんきん / クレジットカード

⇒

4. 다음 보기의 질문에 대한 답을 선택하여 주세요.

<보기>

この ノートと その ボールペンは だれの もの?

① その ノートと この ボールペンは わたしの ものだ。

② あの ノートと その ボールペンは わたしの ものだ。

③ あの ノートと この ボールペンは わたしの ものだ。

새로 나온 단어 Vocabulary

せんせい(先生) 선생님	となり(隣) 옆	えんぴつ(鉛筆) 연필	ノートパソコン 노트북 컴퓨터
コーヒー 커피	テーブル 테이블	ごはん(ご飯) 밥의 공손한 말씨	げんきん(現金) 현금
ボールペン 볼펜	へや(部屋) 방	ラーメン 라면	クレジットカード 신용카드
いえ(家) 집	でも 그래도, 하지만	タブレット 태블릿	ノート 노트

표현해 봅시다

다음 대화문처럼 지시대명사를 사용하여 질문하고 답해 보세요.

A: あのう、この にもつは だれの もの?

B: その にもつは わたしの ものだよ。

あのう、____ にもつは ____の もの?

____ にもつは わたしの ものだよ。

새로 나온 단어 Vocabulary

にもつ(荷物) 집

한국어 발음과 일본어 발음은 비슷하다?

한국인이 일본어를 발음하는 것보다 일본인이 한국어를 발음하기가 더 어렵다고 하는 것은 왜일까요? 가장 큰 이유는 모음 때문입니다. 한국어에서 사용하는 기본 모음은 일본어보다 압도적으로 많습니다. 또 한 가지 이유를 들면 같은 발음처럼 들리는 자음을 공유하고 있는 듯 보이지만, 실제로 발음해 보면 일본어와 한국어 자음은 그 발성 방법이 다르다는 것을 알 수 있습니다.

한국어의 기본자 자음은 14개입니다.

ㄱ ㄴ ㄷ ㄹ ㅁ ㅂ ㅅ ㅇ ㅈ ㅊ ㅋ ㅌ ㅍ ㅎ

위의 한국어 기본자 자음의 발음은 일본어에도 전부 존재합니다. 한국어 자음과 일본어 자음을 직관적으로 대응시키면 다음과 같습니다.

ㄱ「が」 ㅋ「か」

ㅂ「ば」 ㅍ「ぱ」 ㅎ「は」

ㄴ「な」 ㄹ「ら」 ㅁ「ま」

ㅇ「あ」

ㅅ「さ」 ㅈ「ざ」 ㅊ「ち」

ㄷ「だ」 ㅌ「た」

일본어에서는 '청음'이 '탁음'보다 발음하기 쉬운 소리입니다. 왜냐하면 '탁음'은 성대의 진동을 수반하는 소리이기 때문입니다. 그러나 위의 대응표에서 'か', 'た' 등의 일본어 '청음'에 대응하는 'ㅋ', 'ㅌ' 등은 한국어의 경우 'ㄱ', 'ㄷ'보다 훨씬 더 강하고 깊은 곳에서 나는 소리입니다. 또한 한국어에서는 'ㄲ ㄸ ㅃ ㅆ ㅉ'이라고 하는 '된소리(경음)'가 존재하기 때문에 일본어와 한국어의 자음 발음은 그 구별이 더 힘들어집니다. 이렇게 한국어와 일본어는 '청음'과 '탁음'이 전도된 발성 방법을 가지고 있어 같은 자음처럼 들리지만, 실제 발성은 어렵게 느낄 수 있습니다.

정확한 원어 발음을 연습하기 위해서는 이와 같은 차이를 고려하여
직관적인 대응보다는 발성 방법으로 분류하고 연습할 필요가 있습니다.

メモ

스토리와
함께하는
처음 일본어

第 **3** 課

12,000えんです

1 です/ですか/では ありません

2 はい/いいえ

3 숫자 세기

4 시간 말하기

3

12,000えんです

1 です/ですか/では ありません | 2 はい/いいえ | 3 숫자 세기 | 4 시간 말하기

Scene #3

역에서 고향 가는 기차표를 사려는 うらしま たろう

Track 3

ゆ か　すみません、きょうとゆきの チケットうりばは ここですか。

チケットうりばのひと　はい、ここです。

ゆ か　いくらですか。

チケットうりばのひと　12,000えんです。

たろう　12,000えん? これは だめ?

ゆ か　それは なに?

たろう　ぼくの たからものだ。

ゆ か　そんな かいがらでは だめだよ。

いまの おかねは ないの?

たろう　ない。

새로 나온 단어 Vocabulary

きょうとゆき(京都行き) 교토행
チケットうりば(チケット売り場) 매표소
いくら 얼마
えん(円) 엔
だめ 안 됨, 불가능함
たからもの(宝物) 보물
かいがら(貝殻) 조개껍질
いま(今) 지금
おかね(お金) 돈

문법

1 です / ですか / では ありません

わたしは ゆかです。

あなたは がくせいですか。

たろうは ともだちでは ありません。

2 はい / いいえ

A: これは あなたの ほんですか。/ B: はい、わたしの ほんです。

A: あしたは じゅぎょうですか。/ B: いいえ、じゅぎょうじゃ ありません。

3 숫자 세기

1	いち	10	じゅう	100	ひゃく	1,000	せん
2	に	20	にじゅう	200	にひゃく	2,000	にせん
3	さん	30	さんじゅう	300	さんびゃく	3,000	さんぜん
4	よん･し	40	よんじゅう	400	よんひゃく	4,000	よんせん
5	ご	50	ごじゅう	500	ごひゃく	5,000	ごせん
6	ろく	60	ろくじゅう	600	ろっぴゃく	6,000	ろくせん
7	なな･しち	70	ななじゅう	700	ななひゃく	7,000	ななせん
8	はち	80	はちじゅう	800	はっぴゃく	8,000	はっせん
9	きゅう･く	90	きゅうじゅう	900	きゅうひゃく	9,000	きゅうせん
10	じゅう	100	ひゃく	1,000	せん	10,000	いちまん

バックは 14,500えんです。

じきゅうは 1,250えんだよ。

わたしの でんわばんごうは 090–3780–4625です。

4 시간 말하기

1시	いちじ
2시	にじ
3시	さんじ
4시	よじ
5시	ごじ
6시	ろくじ
7시	しちじ
8시	はちじ
9시	くじ
10시	じゅうじ
11시	じゅういちじ
12시	じゅうにじ
몇 시	なんじ

~1분	いっぷん
~2분	にふん
~3분	さんぷん
~4분	よんぷん
~5분	ごふん
~6분	ろっぷん
~7분	ななふん
~8분	はっぷん
~9분	きゅうふん
~10분	じゅっぷん
30분	さんじゅっぷん /はん
몇 분	なんぷん

A: いま、なんじ なんぷんですか。

B: ごご 07:36です。

새로 난 단어 Vocabulary

がくせい(学生) 학생
ほん(本) 책
じゅぎょう(授業) 수업
バック 가방
じきゅう(時給) 시급
でんわばんごう(電話番号) 전화번호
ごご(午後) 오후

연습문제

1. 다음 질문에 알맞은 답을 쓰세요.

(1) A: あなたは かんこくじんですか。
B: はい、(　　　　　　　　　　　　)。

(2) A: えきは こちらですか。
B: (　　　　　　)、えきは あちらです。

(3) A: かんこくの しゅとは テグですか。
B: いいえ、(　　　　　　　　　　　　)。

2. 다음 주어진 시간표를 보고 물음에 답하세요.

ごぜん	10:30	にほんご1の じゅぎょう
	11:45	ランチ
ごご	1:26	せんこうの じゅぎょう
	4:32	かいわテスト

(1) かいわテストは なんじ なんぷんですか。

(2) にほんご1の じゅぎょうは いつですか。

(3) せんこうの じゅぎょうの あとは なに?

3. 자신의 학과 사무실 전화번호, 학교의 우편번호를 일본어로 써 보세요.

(1) でんわばんごう:

⇒

(2) ゆうびんばんごう:

⇒

4. 다음 중 숫자 읽기가 맞는 것을 고르고 틀린 보기는 바르게 고치세요.

① 6,890 — ろっせん はっぴゃく きゅうじゅう

② 13,480 — まん さんぜん よひゃく はちじゅう

③ 539 — ごひゃく さんじゅう きゅう

④ 1,742 — せん ななひゃく よんじゅう に

새로 나온 단어 Vocabulary

えき(駅) 역

しゅと(首都) 수도

ごぜん(午前) 오전

にほんご(日本語) 일본어

ランチ 런치

せんこう(専攻) 전공

かいわテスト(会話テスト) 회화 테스트

いつ 언제

あと(後) 나중, 뒤

ゆうびんばんごう(郵便番号) 우편번호

표현해 봅시다

다음 대화문처럼 물건의 가격을 묻고 답해 보세요.

ゆ　　か：この ハンバーガーセットは いくらですか。

てんいん：1,360えんです。

この ＿＿＿＿＿＿は いくらですか。

＿＿＿＿えんです。

새로 나온 단어 Vocabulary

ハンバーガーセット 햄버거 세트　　てんいん(店員) 점원

일본의 電車

일본에서는 우리가 흔히 기차 또는 열차로 부르는 것과 전철을 합쳐서 電車라고 합니다. 우리나라의 KTX에 해당하는 일본의 고속열차 신칸센(新幹線, しんかんせん)도 電車이고 출퇴근 등 비교적 가까운 거리를 이동할 때 이용하는 전철이나 모노레일도 電車라고 부르지요.

일본에서는 가까운 거리를 이동하는 전철이나 지하철을 탈 때 교통카드나 전자결제 시스템을 이용하기도 합니다만 한편으로는 아직도 매표소 또는 자동판매기에서 구매한 종이로 된 차표를 쓰기도 합니다.

먼 지방을 이동할 때 많이 이용하는 신칸센이나 특급열차(特急, とっきゅう)를 예매할 때는 종이로 된 차표를 이용해야 합니다. 좌석은 지정석(指定席, していせき)과 자유석(自由席, じゆうせき) 중 하나를 고릅니다. 지정석은 말 그대로 지정된 자리 번호가 부여되어 있는 표이고 자유석은 자유석으로 할당된 차량의 어느 자리에 앉아도 괜찮습니다. 지정석은 우리나라의 KTX 표와 마찬가지로 날짜와 열차 시간, 좌석 등이 모두 지정되어 있는 반면 자유석은 표에 적힌 날짜 하루 동안에는 시간에 관계없이 열차를 탈 수 있지만 자유석 차량이 만석일 때는 서서 가야 한다는 단점이 있습니다.

TIP 일본의 電車를 이용할 때 알고 있으면 편리한 일본어

みどりの窓口 일본 철도회사인 JR이 운영하는 종합매표소로 철도, JR버스, 고속버스 등의 차표를 구입할 수 있습니다.

下り 열차 시간표에 등장하는 표현으로 출발지에서 종착지로 향하는 진행 방향을 뜻합니다.

上り 종착지에서 출발지 방향의 진행 방향을 뜻합니다.

○○行き ○○행

メモ

스토리와
함께하는
처음 일본어

第4課

高い。すごく 高い

1 い형용사 활용

2 ~に/には

3 ~けど

4 다양한 숫자 읽기

4 高い。すごく 高い

1 い형용사 활용 | **2** ~に/には | **3** ~けど | **4** 다양한 숫자 읽기

Scene #4

편의점에서 점심을 먹으며

Track 4

ゆ か　この ツナマヨ おいしい!

太 郎　コンビニには おいしい ものが たくさん あるな。

ゆ か　12,000円は、この おにぎり 100個分の お金だよ。

太 郎　えっ、何?!

ゆ か　そこの チョコは 50個かな。

太 郎　高い。すごく 高い。高くて 僕には 無理だ。

ゆ か　でも、バイトの 時給は 1,000円ぐらいだよ。無理じゃ ない。

いい バイト先が あるけど、どう?

太 郎　それは すばらしい 話では ないか。

새로 나온 단어 Vocabulary

ツナマヨ 참치마요

おいしい(美味しい) 맛있다, 맛 좋다

コンビニ 편의점

たくさん (수나 분량이) 많음

おにぎり 오니기리, 삼각김밥

チョコ 초콜릿

高い(たかい) 높다, 비싸다

すごい 대단하다, 굉장하다

無理(むり) 무리

バイト 아르바이트

ぐらい ~정도

いい(良い) 좋다

バイト先(さき) 아르바이트 자리

けど ~지만, ~인데

どう 어떻게, 어때

すばらしい(素晴らしい) 훌륭하다, 멋지다

話(はなし) 이야기, 말

문법

1 い형용사 활용

<table>
<tr><th>기본형</th><th>~입니다</th><th>~지 않습니다</th><th>~한</th><th>~고, ~서</th></tr>
<tr><td rowspan="2">高い</td><td rowspan="2">高いです</td><td>高く ありません</td><td rowspan="2">高い</td><td rowspan="2">高くて</td></tr>
<tr><td>高くないです</td></tr>
</table>

これは 安いです。もっと 高くて いい ものは ないですか。

青い 空、涼しい 風、秋だね。

2 ~に/には

リンゴは あそこの たなに あるよ。

ぼくには なにも ないんだ。

白い シャツに ジーンズ、いい スタイルだ。

3 ~けど

春だけど 寒い。

まずく ないけど、おいしくも ないです。

あなたに 夢は あるけど、才能が ない。

4 다양한 숫자 읽기

◎ 일본 고유 숫자 읽기

ひとつ、ふたつ、みっつ、よっつ、いつつ、むっつ、ななつ、やっつ、ここのつ、とお

조 수 사				
	~人 (にん)	~個 (こ)	~本 (ほん、ぽん、ぼん)	~杯 (はい、ぱい、ばい)
1	ひとり	いっこ	いっぽん	いっぱい
2	ふたり	にこ	にほん	にはい
3	さんにん	さんこ	さんぼん	さんばい
4	よにん	よんこ	よんほん	よんはい
5	ごにん	ごこ	ごほん	ごはい
6	ろくにん	ろっこ	ろっぽん	ろっぱい
7	ななにん	ななこ	ななほん	ななはい
8	はちにん	はっこ	はっぽん	はっぱい
9	きゅうにん	きゅうこ	きゅうほん	きゅうはい
10	じゅうにん	じゅっこ	じゅっぽん	じゅっぱい
?	なんにん	なんこ	なんぼん	なんばい

조수사				
	～枚 (まい)	～冊 (さつ)	～階 (かい、がい)	～台 (だい)
1	いちまい	いっさつ	いっかい	いちだい
2	にまい	にさつ	にかい	にだい
3	さんまい	さんさつ	さんがい	さんだい
4	よんまい	よんさつ	よんかい	よんだい
5	ごまい	ごさつ	ごかい	ごだい
6	ろくまい	ろくさつ	ろっかい	ろくだい
7	ななまい	ななさつ	ななかい	ななだい
8	はちまい	はっさつ	はっかい	はちだい
9	きゅうまい	きゅうさつ	きゅうかい	きゅうだい
10	じゅうまい	じゅっさつ	じゅっかい	じゅうだい
?	なんまい	なんさつ	なんかい	なんだい

A: 黒と ピンクの ボックスは いくつ ある？

B: 黒は 6個、ピンクは 8個です。

A: では、黒の ボックス 二つと ピンクの ボックス 四つ、お願い。

B: 了解です。

새로 나온 단어 Vocabulary

安い(やすい) (값이) 싸다
もっと 좀 더
青い(あおい) 파랗다
空(そら) 하늘
涼しい(すずしい) 시원하다
風(かぜ) 바람
秋(あき) 가을
リンゴ 사과
たな(棚) 선반
白い(しろい) 희다
シャツ 셔츠
ジーンズ 청바지
スタイル 스타일
春(はる) 봄
寒い(さむい) 춥다
まずい 맛없다
夢(ゆめ) 꿈
才能(さいのう) 재능
黒(くろ) 검정
ピンク 핑크
ボックス 박스
いくつ 몇, 몇 개
了解(りょうかい) 이해, 양해

연습문제

1. 주어진 단어를 활용하여 보기와 같은 문장을 만드세요.

<보기>

この ジムは 広いですか。
広く ありません。

(1) ネクタイ / 高い

⇒

(2) 車 / 新しい

⇒

(3) ドラッグストア / 大きい

⇒

2. 주어진 단어를 활용하여 보기와 같은 문장을 만드세요.

<보기>

それは どんな ラーメンですか。
辛くて しょっぱい ラーメンです。

(1) アイスクリーム / 黄色い / 甘い

⇒

(2) クッキー / 丸い / かわいい

⇒

(3) 店 / おいしい / 安い

⇒

3. 빈 칸에 들어갈 단어를 히라가나로 써 주세요.

(1) ハンカチが 5(　　　　) ある。

(2) みっつ ＋ ふたつ ＝(　　　　　　)

(3) A: そちらの かさは 何本ですか。

B: 3(　　　　　　　　　)です。

4. 다음 보기의 문장에 대해 가장 알맞은 대답을 골라 주세요.

<보기>

この コーヒーは 熱いですね!

① いいえ、わたしには 熱く ないです。

② はい、わたしも 熱く ありません。

③ いいえ、わたしは 熱いです。

④ はい、わたしも 暑いです。

새로 나온 단어 Vocabulary

ジム 체육관
広い(ひろい) 넓다
ネクタイ 넥타이
車(くるま) 자동차
新しい(あたらしい) 새롭다
ドラッグストア 드러그 스토어
大きい(おおきい) 크다
どんな 어떤
辛い(からい) 맵다
しょっぱい 짜다
アイスクリーム 아이스크림
黄色い(きいろい) 노랗다
甘い(あまい) (맛이) 달다
クッキー 쿠키
丸い(まるい) 둥글다
かわいい(可愛い) 사랑스럽다
店(みせ) 가게, 점포
ハンカチ 손수건
かさ(傘) 우산
熱い(あつい) 뜨겁다
暑い(あつい) 덥다

표현해 봅시다

다음 대화문처럼 형용사를 사용하여 좋은 물건이나 장소를 추천하고 추천받아 보세요.

> パクさん、おすすめの カメラは あるんですか。
>
> 軽くて、環境に やさしいのは どうですか。

パクさん、おすすめの ＿＿＿は あるんですか。	＿＿＿、＿＿＿＿＿＿のは どうですか。

새로 나온 단어 Vocabulary

おすすめ 추천·권유
カメラ 카메라
軽い(かるい) 가볍다
環境(かんきょう) 환경
やさしい(優しい) 상냥하다, 다정하다

COLUMN

세븐일레븐의 성공

세븐일레븐은 일본을 대표하는 편의점 체인입니다. 원래 세븐일레븐은 미국 사우스랜드사의 체인점 브랜드로서 1974년 일본 회사인 イトーヨーカドー에서 라인선스 계약을 통해 도쿄에 지점을 설립하였습니다. 이후 イトーヨーカドー의 세븐일레븐은 일본에서 무서운 성장을 기록합니다.

開(ひら)いてて良(よ)かった! – 소비자가 원하는 물건을 원하는 시간에 원하는 만큼 준비

1970년대 일본은 6시 이후 상점가, 백화점, 슈퍼 등이 전부 폐점하였습니다. 때문에, 야간에 물건을 팔 수 있는 건 세븐일레븐밖에 없었고 이러한 시간 편리성에 기초한 유일한 업체 형태로서 세븐일레븐은 일본 사회에 자연스럽게 세력을 확장할 수 있었습니다.

セブンイレブン、いい気分(きぶん)! – 고객의 니즈를 충족시키는 최적의 물건을 진열

세븐일레븐의 성공 요인 중 가장 중요한 것은 '학습하는 점포, learning store' 시스템의 구축입니다. 즉 가맹점과 본부의 정보 교환을 통해 조직 간 거래 네트워크를 확립한 것입니다. 지금의 빅데이터 개념이 실체화된 비즈니스 모델이라고 할 수 있겠지요.

イトーヨーカドー는 이러한 혁신적 시스템과 1980년대 일본의 사회 경제적 성장을 통해 거대 기업으로 성장하였고, 마침내 1990년 미국 사우스랜드사가 도산했을 때 역으로 전액의 주식을 매입하며 세븐일레븐이라는 메이커의 주인이 되었습니다. 그리고 적자회사였던 사우스랜드사의 미국 세븐일레븐 체인에 일본에서의 경영 방법을 그대로 도입하여 흑자회사로까지 전환시켰습니다.

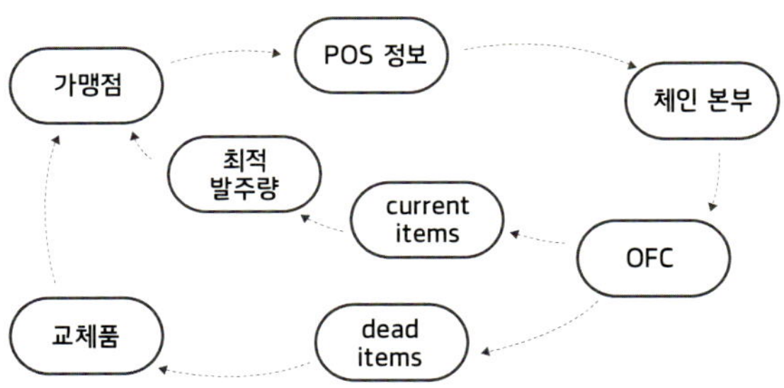

第 5 課

この 店には 元気で 親切な 人が ベストですけど

1 な형용사 활용

2 ~で

3 でした/でしたか/では ありませんでした

4 소개하기

5 날짜 말하기

5 この 店には 元気で 親切な 人が ベストですけど

1 な형용사 활용 | 2 ~で | 3 でした/でしたか/では ありませんでした
4 소개하기 | 5 날짜 말하기

Scene #5

아르바이트 면접에서

Track 5

ゆ か　こんにちは。こちらは バイト希望の 浦島 太郎くんです。

太 郎　浦島 太郎だ。

店 長　浦島 太郎? 面白い 名前ですね。前の 人は 桃太郎くんでしたよ。
まあ、とにかく この 店には 元気で 親切な 人が ベストですけど。
どうですか。

太 郎　僕は 元気で 親切で、それに ハンサムな 人だ!!

店 長　ハハハ、本当に 面白い 人ですね。合格!

ゆ か　えっ、本当に いいんですか。

店 長　もちろん。僕は 面白い 人が 大好きなんです!
桃太郎くんは 時給が 1,050円でしたけど、同じ 時給で いいですか。

太 郎　いいとも!

ゆ か　ありがとう ございます!

店 長　じゃ、太郎くん、これから よろしく。

새로 나온 단어 Vocabulary

希望(きぼう) 희망
店長(てんちょう) 점장
面白い(おもしろい) 재미있다
まあ 뭐, 자, 어쨌든
とにかく 어쨌든
元気だ(げんきだ) 건강하다, 활기차다
親切だ(しんせつだ) 친절하다
ベスト 베스트
それに 게다가, 거기다
ハンサムだ 잘생기다
本当に(ほうとうに) 정말로
合格(ごうかく) 합격
もちろん 물론
大好きだ(だいすきだ) 매우 좋아하다
同じ(おなじ) 같은
いいとも 좋고말고
じゃ 그럼

문법

1 な형용사 활용

기본형	~입니다	~지 않습니다	~한	~고, ~서
静かだ	静かです	静かでは ありません	静かな	静かで
きれいだ	きれいです	きれいでは ありません =じゃ ないです	きれいな	きれいで

僕の 彼女は きれいです。

日本語が 上手では ありません。

ここが いちばん 静かな 部屋です。

ハンサムで 背が 高い 人が 好きです。

2 ~で

大きい 声で お願いします。

ディズニーランドは 初めてで、楽しみです。

マラソンは ここで スタートです。

3 でした/でしたか/では ありませんでした

A: さっきの 電話、誰でしたか。/ B: 母でした。

キム先生は 日本語の 先生では ありませんでした。

4 소개하기

A: こちらは 日本語の 先生です。

B: 日本語の 先生の イです。よろしく お願いします。

5 날짜 말하기

1月	2月	3月	4月	5月	6月
いちがつ	にがつ	さんがつ	しがつ	ごがつ	ろくがつ
7月	8月	9月	10月	11月	12月
しちがつ	はちがつ	くがつ	じゅうがつ	じゅういちがつ	じゅうにがつ

1日	2日	3日	4日	5日	6日	7日
ついたち	ふつか	みっか	よっか	いつか	むいか	なのか
8日	9日	10日	11日	12日	13日	14日
ようか	ここのか	とおか	じゅう いちにち	じゅう ににち	じゅう さんにち	じゅう よっか
15日	16日	17日	18日	19日	20日	21日
じゅう ごにち	じゅう ろくにち	じゅう しちにち	じゅう はちにち	じゅう くにち	はつか	にじゅう いちにち
22日	23日	24日	25日	26日	27日	28日
にじゅう ににち	にじゅう さんにち	にじゅう よっか	にじゅう ごにち	にじゅう ろくにち	にじゅう しちにち	にじゅう はちにち
29日	30日	31日				
にじゅう くにち	さんじゅう にち	さんじゅう いちにち				

月曜日	火曜日	水曜日	木曜日	金曜日	土曜日	日曜日
げつようび	かようび	すいようび	もくようび	きんようび	どようび	にちようび

昨日	今日	明日
きのう	きょう	あした

今日は 4月 8日、月曜日です。

クリスマスは 12月 25日です。

日曜日は 海の家で バイトです。

새로 나온 단어 Vocabulary

きれいだ 예쁘다, 깨끗하다
上手だ(じょうずだ) 잘하다, 능숙하다
いちばん(一番) 가장
静かだ(しずかだ) 조용하다
背が 高い(せが たかい) 키가 크다
好きだ(すきだ) 좋아하다
声(こえ) 목소리
楽しみ(たのしみ) 즐거움, 기대되는 일
マラソン 마라톤
スタート 스타트
さっき 아까, 방금 전
電話(でんわ) 전화
母(はは) 어머니
クリスマス 크리스마스
海の家(うみのいえ) 여름철 바닷가에서 간단한 먹거리나 음료를 파는 가게

연습문제

1. 주어진 단어를 활용하여 보기와 같은 형식의 문장을 만드세요.

<보기>

ソウルは にぎやかで 交通が 便利です。

(1) 太郎 / ハンサムだ / すてきだ

⇒

(2) 店長 / まじめだ / 元気だ

⇒

(3) 沖縄 / 海が きれいだ / 有名だ

⇒

2. 주어진 단어를 활용하여 보기와 같은 형식의 문장을 만드세요.

<보기>

いちばん 好きな 人は 誰ですか。

(1) 大切だ / もの / なん

⇒

(2) 上手だ / 料理 / なん

⇒

(3) 静かだ / 場所 / どこ

⇒

3. 다음에 해당하는 날짜를 일본어로 써 보세요.

(1) こどもの 日:

(2) 母の 日:

(3) 好きな 人の 誕生日:

4. 다음 밑줄 친 것 중 보기의 で와 의미가 같은 것은 무엇인가요?

<보기>

飲食は ここで お願いします。

① ゆかさんが コーヒーで、太郎くんは ココアね。

② 連絡は メールで お願いします。

③ 東京での バイトは 楽しい。

새로 나온 단어 Vocabulary

ソウル 서울	まじめだ 성실하다	料理(りょうり) 요리	飲食(いんしょく) 먹고 마시는 것
にぎやかだ 번화하다	沖縄(おきなわ) 오키나와	場所(ばしょ) 장소	ココア 코코아
交通(こうつう) 교통	海(うみ) 바다	こども(子供)の 日(ひ) 어린이날	連絡(れんらく) 연락
便利だ(べんりだ) 편리하다	有名だ(ゆうめいだ) 유명하다	母(はは)の 日(ひ) 어머니날	メール 메일
すてきだ 멋지다	大切だ(たいせつだ) 소중하다, 중요하다	誕生日(たんじょうび) 생일	楽しい(たのしい) 즐겁다

표현해 봅시다

다음 대화문처럼 다른 사람을 소개하고 또 소개받아 보세요.

先　　生：こちらは アメリカからの 留学生、
　　　　　マイケルさんです。

マイケル：こんにちは、マイケルです。
　　　　　日本は 初めてです。よろしく。

み　　ゆ：中田 みゆです。こちらこそ よろしく。

새로 나온 단어 Vocabulary

アメリカ 미국　　留学生(りゅうがくせい) 유학생

COLUMN

일본의 공휴일

일본의 공휴일은 '국민의 축일(国民の祝日, こくみんのしゅくじつ)'과 '국민의 휴일(国民の休日, こくみんのきゅうじつ)'로 나뉩니다. '국민의 축일'은 국가의 기념일이나 경축일을 뜻하며 5월 5일로 지정된 こどもの日처럼 날짜가 고정되어 있는 경우도 있지만 9월 셋째 주 월요일인 敬老の日와 같이 날짜가 아닌 요일로 지정되어 있는 경우도 있습니다. 또한 축일과 축일 사이에 휴일이 아닌 날이 있을 때 그 사이에 있는 날을 '국민의 휴일'로 지정하여 휴일로 만듭니다.

어린이날에 해당하는 こどもの日나 개천절과 비슷한 建国記念の日 등 우리나라 휴일과 비슷한 예도 있지만 크리스마스와 석가탄신일이 휴일이 아닌 것은 다른 점이라 할 수 있습니다.

일본의 대표적인 연휴로는 설날에 해당하는 正月 연휴와 5월 초에 있는 ゴールデンウイーク(GW)가 있는데 두 연휴 모두 보통 일주일 이상의 연휴가 이어집니다. 正月 연휴에는 가족들이 모두 모여 함께 지내기도 하고 GW에는 긴 연휴를 이용하여 여행을 가는 경우가 많습니다.

第6課

今日から うちの 店で 働きます

1 동사 활용

2 동사 + ます/ません

3 ~ので

4 ~が

5 から/まで

6 今日から うちの 店で 働きます

1 동사 활용 | 2 동사 + ます/ません | 3 ~ので | 4 ~が | 5 から/まで

Scene #6

코스프레 카페에서

Track 6

店 長　こちらは 太郎くんです。今日から うちの 店で 働きます。
かぐやさん、よろしくね。

かぐや　かぐやです。よろしく お願いします。

太 郎　かぐや? あの かぐや姫? 違うな…… この 店は いつから?

かぐや　はあ? まあ、3年前から。

太 郎　そうか…… かぐや姫は 昔の 人だし……
あなた、故郷は どこ? 大学生?

かぐや　第一に、掃除を する。第二に、メニューを 確認する。
第三に、水を 用意する。
これからの あなたの 仕事です。

太 郎　なんで 怒るんだ。冷たい 人だな。

かぐや　はやく。

새로 나온 단어 Vocabulary

から ~부터, ~에서
うち 우리
働く(はたらく) 일을 하다
違う(ちがう) 다르다
昔(むかし) 옛날
第一に(だいいちに) 첫째로
掃除(そうじ) 청소
を ~을/를
する 하다
第二に(だいにに) 둘째로
メニュー 메뉴
確認する(かくにんする) 확인하다
第三に(だいさんに) 셋째로
水(みず) 물
用意する(よういする) 마련하다
仕事(しごと) 일·직업
なんで 왜
怒る(おこる) 화내다
冷たい(つめたい) 차갑다
はやく(早く) 급히, 빨리

문법

1 동사 활용

• 정의: う단으로 끝나는 단어

• 동사 활용형

<table>
<tr><td rowspan="3">동사의 분류
(う단 종류에 따라)</td><td>1그룹</td><td>う·つ·る/む·ぶ·ぬ/く·ぐ/す
歌う·持つ·移る/飲む·呼ぶ·死ぬ/咲く·泳ぐ/話す</td></tr>
<tr><td>2그룹</td><td>る로 끝남. 단 る 앞에 え단이나 い단이 옴
食べる/見る</td></tr>
<tr><td>3그룹</td><td>する/くる</td></tr>
</table>

동사의 활용은 う단의 변화에 따른다.

• 예외 1그룹 동사: 모양은 2그룹이지만, 실제로는 1그룹 활용을 하는 것

知(し)る 알다	入(はい)る 들어가(오)다	走(はし)る 달리다
切(き)る 자르다	帰(かえ)る 돌아가(오)다	要(い)る 필요하다

わたしも 行く。

朝ご飯を 食べる。

明日、うちに 友だちが くるんです。

2 동사 + ます/ません

公園で 写真を とります。

たこ焼きは 食べません。

日曜日に なにを しますか？

いつも 6時に 帰ります。

3 ~ので

大丈夫です。彼が 行くので。

ご飯なので、お酒は いりません。

4 ~が

掃除は しますが、料理は しません。

手術の 前まで 飲み物は いいですが、食べ物は だめです。

5 から / まで

何時から 何時まで 働きますか。

テグから 広島まで どのぐらい かかりますか。

새로 나온 단어 Vocabulary

行く(いく) 가다	写真(しゃしん) 사진	大丈夫だ(だいじょうぶだ) 괜찮다	広島(ひろしま) 히로시마
食べる(たべる) 먹다	とる(撮る) (사진을) 찍다	お酒(おさけ) 술	どのぐらい 어느 정도, 얼마나
うち(家) 집	たこ焼き(たこやき) 타코야키	いる(要る) 필요하다	かかる (시간이) 걸리다
くる(来る) 오다	いつも 언제나	手術(しゅじゅつ) 수술	
公園(こうえん) 공원	かえる(帰る) 돌아가다, 돌아오다	飲み物(のみもの) 마실 것, 음료	

연습문제

1. 주어진 단어를 활용하여 보기와 같은 문장을 만드세요.

<보기>

私は 7時に 起きます。

(1) キムさん / 夜11時 / 寝る

⇒

(2) ケインさん / 研究室 / いる

⇒

(3) 私 / 木村さん / お金を 貸す

⇒

2. 주어진 단어를 활용하여 보기와 같은 문장을 만드세요.

<보기>

A: あなたは 毎日 勉強しますか。

B: はい、勉強します。/ いいえ、勉強しません。

(1) 朝ご飯を 食べる

⇒ A:

B:

(2) メールを 使う

⇒ A:

B:

(3) ショッピングを する

⇒ A:

B:

3. 보기에서 알맞은 단어를 골라 문장을 완성하세요.

<보기>

に　から　で　を　まで　が　ので

(1) 水曜日(　　　) 金曜日(　　　) ジム(　　　) 運動(　　　) します。

(2) 毎日 夜6時(　　　) ご飯を 食べます。

(3) 英語の 先生です(　　　)、通訳できます。

(4) 甘い ものは いいです(　　　)、しょっぱい ものは 苦手です。

4. 다음 밑줄 친 조사 に가 잘못 사용된 문장을 고르세요.

① 彼に 絵を 見せます。

② テーブルに クッキーを 置きます。

③ ユナさんに お金を 借ります

④ 明日に 会社を 辞めます。

새로 나온 단어 Vocabulary

起きる(おきる) 일어나다
夜(よる) 밤
寝る(ねる) 자다
研究室(けんきゅうしつ) 연구실
いる 있다
貸す(かす) 빌려주다
毎日(まいにち) 매일
使う(つかう) 사용하다
ショッピング 쇼핑
運動(うんどう) 운동
英語(えいご) 영어
通訳(つうやく) 통역
できる 할 수 있다
苦手だ(にがてだ) 잘하지 못한다, 서투르다
絵(え) 그림
見せる(みせる) 보이다
置く(おく) 두다
借りる(かりる) 빌리다
会社(かいしゃ) 회사
辞める(やめる) 그만두다

표현해 봅시다

1. 다음 질문에 자유롭게 대답해 보세요.

明日は 何を しますか。

明日は 何を しますか。

明日から 休みですので、
海に 行きます。

2. 다음 문장에 보기의 단어를 넣어 질문하고 대답해 보세요.

<보기>

バイト　授業　デート　クラブ活動

______ は いつから いつまでですか。

새로 나온 단어 Vocabulary

休み(やすみ) 휴일, 휴식　　デート 데이트　　クラブ活動(クラブかつどう) 동아리 활동

다케토리 모노가타리(竹取物語) – 1

다케토리 모노가타리는 『겐지 모노가타리(源氏物語)』에 "모노가타리(物語)가 처음 생긴 원조 다케토리노 오키나(竹取の翁)"라고 되어 있듯이, 일본에서 가장 오래된 이야기이다. 가구야히메(かぐや姫)가 다케토리노 오키나 노인에 의해 대나무 속에서 발견되어 그 후 노부부 집에서 성장해 가는 가구야히메를 둘러싼 기담이다. 9세기 후반에서 10세기 전반 무렵에 성립된 것으로 여겨지는 가나(仮名) 문자에 의해 쓰여진 가장 초기의 이야기 중 하나다. 오늘날에는 『가구야히메』라는 제목으로 그림책·애니메이션·영화 등 다양한 형태로 파생되어 있다.

예쁘게 자란 가구야히메는 여러 사람들로부터 구혼을 받게 되는데, 그들 가운데 황자와 대신 다섯 명에게 해결할 수 없는 난제를 내어 이를 물리친다. 그러던 중에 여러 희극이 벌어지기도 하지만 마침내 가구야히메는 황제의 간절한 소망도 거부하고 달나라로 떠난다. 이러한 이야기의 줄거리에는 백조처녀설화(白鳥処女説話)의 형태가 나타나며, 부분적으로는 어린이용 상상의 이야기(小さ子譚)나 결혼을 위해 어려운 난제를 풀어야 하는 사위들의 이야기(難題聟)의 변형도 보인다. 물론 작자가 그러한 설화를 믿고 있는 것은 아니다. 옛날이야기를 말하는 사람의 자세로 그 발상에 순응하고 또 거기에 사실적으로 옷을 입힘으로써 간계와 모략으로 가득 찬 상층 귀족 사회를 의외로 풍자적으로 그려내는 데에 성공한 것이다. 또한 여주인공이 속세에 정주하지 못하고 달나라로 떠나는 결말에는 인간의 무력함과 미의 영원성이라는 문제가 잉태되어 있을지도 모르겠다.

『다케토리 모노가타리』의 최초 형태는 한문이었을지도 모른다. 헤이안(平安) 시대 초기 엄청나게 들어왔던 중국 소설류를 모방해 취미로 한문 전기(傳奇)를 쓴 일본의 지식인들도 적지 않았던 것 같다. 예를 들어 현존하는 『우라시마코노덴(浦島子伝)』, 『도조호시덴(道場法師伝)』, 『하쿠초오덴(白箸翁伝)』 등과 같이 '대나무를 하는 할아버지의 이야기(採竹翁伝)'가 존재했을지도 모른다. 그러나 그러한 한문 저작물의 기원 여부보다는, 가나 산문으로 된 허구의 모노가타리 형식이 새롭게 탄생했다는 점을 문학사적 의의로 꼽을 수 있다.

メモ

스토리와
함께하는
처음 일본어

第 7 課

店長を 呼んで

1 동사 + て

2 동사 ます형 + たい

3 명사·동사 ます형 + に

7 店長を 呼んで

1 동사 + て | 2 동사 ます형 + たい | 3 명사·동사 ます형 + に

Scene #7

아르바이트를 시작하는 浦島 太郎

Track 7

かぐや　いらっしゃいませ。２名様でしょうか？こちらに どうぞ。

お 客　はい、ありがとう ございます。

かぐや　太郎くん、お客様です。ご案内 よろしく お願いします。

太 郎　注文は 何に する?

お 客　はあ?

太 郎　何が 頼みたいんだ。

お 客　きみ 失礼じゃ ないか。

太 郎　何が 失礼だ。 早く 注文して。僕は 忙しい。

お 客　店長を 呼んで。この 店員さん 変だよ。

太 郎　変？ 何が 変だ。

かぐや　太郎くん、お客様に 失礼ですよ。
(客に) 申し訳 ございません。大変、失礼致しました。
かわりに ご注文を 承ります。

새로 나온 단어 Vocabulary

いらっしゃいませ 어서 오세요
2名様(にめいさま) 두 분
客/お客/お客様(きゃく/おきゃく/おきゃくさま) 손님
案内(あんない) 안내
注文(ちゅうもん) 주문
頼む(たのむ) 부탁하다, (음식 등을) 시키다
失礼(しつれい) 실례
忙しい(いそがしい) 바쁘다
呼ぶ(よぶ) 부르다
変だ(へんだ) 이상하다
申し訳 ございません(もうしわけ ございません) 죄송합니다
大変(たいへん) 아주, 매우
致す(いたす) 하다(する의 겸양어)
かわりに 대신에
承る(うけたまわる) 받다, 듣다의 겸양어

문법

1 동사 + て

1그룹 동사	2그룹 동사	3그룹 동사
う·つ·る → って	食べる → 食べて	する → して
ぬ·ぶ·む → んで	見る → 見て	くる → きて
く·ぐ → いて·いで		
す → して		
cf) 行く → 行って		

朝 起きて 牛乳を 飲みます。

歩いて 家に 帰ります。

あれ、あそこ 走って 逃げるの、太郎さんじゃ ない？

宿題 見せて。

デート 楽しんでね。

うちまで 来て。

2 동사 ます형 + たい

大阪の ラーメンが 食べたいです。

今、いちばん 会いたい 人は 誰ですか。

金曜日の 夜は 帰りたく ありません。

3 명사·동사 ます형 + に

いっしょに 買い物に 行きませんか。

彼は 勉強に 夢中です。

今日、映画を 見に 行きます。

日本へ 何しに 行くの？

새로 나온 단어 Vocabulary

牛乳(ぎゅうにゅう) 우유
飲む(のむ) 마시다
歩く(あるく) 걷다
走る(はしる) 뛰다
逃げる(にげる) 도망가다
宿題(しゅくだい) 숙제
楽しむ(たのしむ) 즐기다
会う(あう) 만나다
いっしょに(一緒に) 함께
買い物(かいもの) 장보기, 쇼핑
夢中(むちゅう) 열중함, 몰두함
見る(みる) 보다

연습문제

1. 주어진 단어를 활용하여 보기와 같은 형식의 문장을 만드세요.

<보기>

ご飯を 食べて お茶を 飲みます。

(1) 朝 起きる / 新聞を 読む

⇒

(2) 薬を 飲む / 早く 寝る

⇒

(3) 服を 買う / 家に 帰る

⇒

2. 주어진 단어를 활용하여 보기와 같은 형식의 문장을 만드세요.

<보기>

遊ぶ: 妹と 遊んで。

(1) **勉強する**: お願い。テストの 前は (　　　　　)。

(2) **話す**: 日本語の 授業では 日本語で (　　　　　)ね。

(3) **逃げる**: 熊だ! 早く (　　　　　)!

3. 주어진 단어를 활용하여 알맞은 문장을 만드세요.

(1) 遊ぶ: 授業が 終わってから 友だちと (　　　　)たいです。

(2) 見る: 面白い 映画が (　　　　)たいです。

(3) する: あの 人と デートが (　　　　)たい。

4. 다음 밑줄 친 것 중 보기의 に와 의미가 다른 것은 무엇인가요?

<보기>

太郎と いっしょに ピクニックに 行きたい。

① いつ 福岡に 行きますか。

② 日曜日、彼女と ディズニーランドへ デートに 行きます。

③ スキーに 行きたいけど、いい ところ ありませんか。

④ ラベンダーの 写真を とりに 北海道まで 行くんですか。

새로 나온 단어 Vocabulary

新聞(しんぶん) 신문
読む(よむ) 읽다
薬(くすり) 약
服(ふく) 옷
買う(かう) 사다
話す(はなす) 이야기하다
遊ぶ(あそぶ) 놀다
熊(くま) 곰
終わる(おわる) 끝나다
ピクニック 피크닉
福岡(ふくおか) 후쿠오카
スキー 스키
ところ 곳
ラベンダー 라벤더
北海道(ほっかいどう) 홋카이도

표현해 봅시다

1. 다음 대화문처럼 여름방학에 하고 싶은 것에 대하여 대화해 보세요.

けんじ：明日から 夏休みだね。休みには 何が したい？

みなみ：好きな バンドの ライブに 行きたい! けんじくんは？

けんじ：僕は きれいな 海が 見たい。

2. 아침에 일어나 학교에 와서 수업을 듣기까지의 일과를 써 보세요.

새로 나온 단어 Vocabulary

夏休み(なつやすみ) 여름방학　**バンド** 밴드　**ライブ** 라이브

COLUMN

실생활에서 많이 쓰이는 접객어

いらっしゃいませ。

고객을 맞이할 때 쓰이는 말입니다.

かしこまりました。

고객의 주문이나 요청에 대해 승낙의 뜻을 나타낼 때 사용합니다.

少々(しょうしょう) お待(ま)ちください。

고객과 이야기 중 그 자리를 잠시 비우게 될 때 사용합니다.

お待(ま)たせ いたしました。

잠시 자리를 비워 고객을 기다리게 했을 때 사용합니다.

恐(おそ)れ入(い)ります。

고객에게 감사를 전할 때 보통의 경우 사용하는 "ありがとうございます" 대신 사용합니다. 그리고 상대방의 기분을 상하지 않게 뜻을 전할 때 서두에 붙여서 사용하기도 합니다.

ありがとう ございます。

고객이 가게를 나설 때 감사의 의미를 담아 사용합니다.

申(もう)し訳(わけ) ございません。

고객에게 불편을 끼쳤을 경우 사죄의 의미로 사용합니다.

TIP 틀리기 쉬운 접객용어

ご注文(ちゅうもん)は 以上(いじょう)ですか。(×)

ご注文(ちゅうもん)は 以上(いじょう)で よろしかったでしょうか。(×)

ご注文(ちゅうもん)は 以上(いじょう)で よろしいでしょうか。(○)

メモ

스토리와
함께하는
처음 일본어

第 8 課

さっきは 悪かった

1 형용사 + かった / だった

2 동사 + 명사

3 ~に 会う

4 ある / いる

5 ~ばかり

8 さっきは 悪かった

1 형용사 + かった / だった | 2 동사 + 명사 | 3 ~に 会う | 4 ある / いる | 5 ~ばかり

Scene #8

浦島 太郎를 위로하는 かぐや姫

Track 8

太郎	(独り言で) 故郷の みんなに 会いたいな。
かぐや	太郎くん。
太郎	あ、かぐやさん。さっきは 悪かった。
かぐや	大変だったでしょう。
太郎	店員は 敬語を 使うんだな。勉強不足だった。
かぐや	まあ、大丈夫。これから 習うのよ、敬語も こっちの 生活も。
太郎	こっちの 生活? やはり あの かぐや姫だな、あなた。
かぐや	そうよ。
太郎	じゃ、かぐやさんも いきなり ここへ?
かぐや	まあね。……昔は よかったよね。 月も 川も 海も きれいだったし、人も 優しかったし。
太郎	そうだ。ここは あちらこちら 建物ばかりで、人は 冷たい。
かぐや	そういう 時代なのよ。まあ、元気 出して。

새로 나온 단어 Vocabulary

独り言(ひとりごと) 혼잣말
みんな(皆) 모두, 여러분
悪い(わるい) 나쁘다
大変だ(たいへんだ) 힘들다, 큰일이다
敬語(けいご) 경어
不足(ふそく) 부족
習う(ならう) 배우다
生活(せいかつ) 생활
やはり 역시
いきなり 갑자기
月(つき) 달
川(かわ) 강
あちらこちら 여기저기
建物(たてもの) 건물
ばかり (한정의 의미) ~만
そういう 그런, 그러한
時代(じだい) 시대
元気(を) 出す
(げんき(を) だす) 힘(을) 내다

문법

1 형용사 + かった/だった

日本での あの カレーは おいしかったよね。

子供のころ、好きだった 友だちが なつかしい。

2 동사 + 명사

洋子さん、薬を 飲む 時間です。

君が いる 場所は ここから はるかに 遠い。

3 ~に 会う

いつ マイケルに 会いますか？

君に 会って よかった。

4 ある/いる

教室には だれが いますか。

テーブルの うえに きれいな 花が あります。

重さは 20キロ ある。

5 ~ばかり

彼は 仕事ばかり するんだけど、そんなに お金持ちでは ない。

金さんは 肉ばかり 食べる。

새로 나온 단어 Vocabulary

カレー 카레	**はるかに(遥かに)** 아득히	**重さ(おもさ)** 무게
ころ(頃) 무렵, 즈음	**遠い(とおい)** 멀다	**キロ** 킬로그램
なつかしい(懐かしい) 그립다	**教室(きょうしつ)** 교실	**お金持ち(おかねもち)** 부자
時間(じかん) 시간	**花(はな)** 꽃	**肉(にく)** 고기

연습문제

1. 주어진 단어를 활용하여 보기와 같은 문장을 만드세요.

<보기>

デパートは どこに ありますか。
あそこに あります。

(1) 机 / 教室の 中

⇒

(2) キム先生 / 会議室

⇒

(3) 猫 / テーブルの 下

⇒

2. 보기와 같이 두 문장을 밑줄 친 명사를 수식하는 한 문장으로 만들어 주세요.

<보기>

父は スパゲッティーを 作ります。とても おいしい。
☞ 父が 作る スパゲッティーは とても おいしい。

(1) あの 本を 授業で 使います。あの 本は とても 難しいです。

☞ (　　　　　　　　　　) あの 本は とても 難しいです。

(2) ハンさんは コーヒーを 飲みます。紅茶が 嫌いです。

☞ (　　　　　　　　　　) ハンさんは 紅茶が 嫌いです。

(3) ここは レストランです。ここで 卒業パーティーを します。

☞ (　　　　　　　　　　) レストランは ここです。

3. 주어진 단어를 활용하여 보기와 같은 문장을 만드세요.

<보기>

この 自転車は 高かったです。

(1) 昨日 / 寒い

⇒

(2) いえの 近くに ある 公園 / 静かだ

⇒

(3) あの レストラン / 美味しくない

⇒

4. 다음 보기와 가장 뜻이 비슷한 것을 고르세요.

<보기>

北海道は 寒く ありませんでした。

① 北海道は 寒く なかったです。

② 北海道は 寒いでした。

③ 北海道は 寒く ないでした。

④ 北海道は 寒いでは ありませんでした。

새로 나온 단어 Vocabulary

デパート 백화점	父(ちち) 아버지	難しい(むずかしい) 어렵다	卒業(そつぎょう) 졸업
机(つくえ) 책상	スパゲッティー 스파게티	紅茶(こうちゃ) 홍차	パーティー 파티
会議室(かいぎしつ) 회의실	作る(つくる) 만들다	嫌いだ(きらいだ) 싫어하다	自転車(じてんしゃ) 자전거
猫(ねこ) 고양이	とても 매우	レストラン 레스토랑	近く(ちかく) 근처

표현해 봅시다

1. 다음 질문에 답해 보세요.

<u>パーティーの 料理</u>は どうでしたか。

2. 1번의 밑줄 친 부분에 보기의 단어를 활용하여 질문하고 답해 보세요.

<보기>

昨日、面接、授業

새로 나온 단어 Vocabulary

面接(めんせつ) 면접

다케토리 모노가타리(竹取物語) – 2

『다케토리 모노가타리』는 오늘날의 판타지 소설과 같은 것이다. 대나무에 얽힌 이야기이며 잔혹한 미녀의 이야기이며 바보 같은 남자들이 우왕좌왕하는 이야기이며 짝사랑이 모조리 깨지는 실연 이야기이다. 특히 다섯 명의 구혼자들이 등장하는 에피소드는 원작자가 자유롭게 즐기며 쓴 부분일 것이다. 상세한 묘사를 쏟아 내는 정열이 다른 부분과 약간 다르게 느껴질 정도이다. 주변 귀족 사회의 모습을 적은 것이 틀림없다. 잡다하게 그려 낸 리얼리티와 대담한 환상이 절묘한 방식으로 뒤섞여 있다. 다섯 명의 구혼자들의 바보 같은 행동들이 생생하게 그려진 것에서야 말로 저 높은 곳의 꽃과 같은 존재인 가구야히메의 인정사정없는 모습이 두드러진다.

구혼자 에피소드에서는 원작자가 '웃겨 주겠다'고 단단히 벼르고 있다. 그 웃음의 근원은 구혼자들의 캐릭터에 있다. '수재 바보' 형이나 '세상물정 모르는 도련님' 형, '이 어르신 최강' 형 등, 구혼자들에게는 명확한 개성이 있고 그에 따른 수법으로써 가구야히메로부터 부여받은 난제에 도전한다. 인간다운 간계가 인간답게 실패하기 때문에 재미있는 것이다. 그런 까닭에 오늘날의 독자도 헤이안(平安) 시대의 독자들도 그들의 바보스러움에 포복절도하는 것이다.

그러나 왕이 등장하면 이러한 밝고 쾌활한 분위기는 사라지고 만다. 이 이야기에서 왕이라는 존재는 현세의 룰 그 자체를 체현하는 것이다. 소위 지구상의 대표 선수인 것이다. 그것에 비해 가구야히메는 현세의 룰이 통하지 않는 '저쪽' 세계를 대표하는 선수다. 가구야히메가 왕을 등장시키면서 모노가타리의 온도는 변한다. 슬픈 결말의 예감이 들기 시작한다. 『다케토리 모노가타리』는 지상에 내려온 가구야히메가 마치 토너먼트전에서 내리 이겨 내는 것처럼 현세의 룰을 차례차례 쳐부수고 최종적으로는 지구를 통째로 실연시켜 버리는 이야기다. 천 년이 지나도 그 실연의 여운이 남아 있다.

당시 살았던 사람들은 모두 사라졌다 해도 하늘과 땅은 그 모습 그대로 변한 것은 없다. 이 세상 같지 않은 세계에 대한 두려움이나 동경은 계속 이어지고 있는 것이다.

이 이야기의 테마는 남성이 '영원한 여성'에 대한 동경과 기도를 바치는 것이다. 인류가 먼 옛날부터 안고 있는 꿈이라 하겠다. 단테가 베아트리체에게 바쳤던 것과 같은, 또 노가쿠(能樂)인 『사랑의 무거운 짐(恋重荷)』 등에 나타난 숭고한 주제와 같은 것이다. 일본 소설이 '영원한 여성'에 대한 동경으로 그 막을 열었다고 볼 수 있다. 오늘날 『다케토리 모노가타리』를 다시 읽는다는 것의 의미가 여기에 있다.

メモ

스토리와
함께하는
처음 일본어

第 9 課

太郎くんが 努力した 結果ですよ

1 동사 + た/ました

2 명사·동사 て형 + ください

3 ~に/く なる

9 太郎くんが 努力した 結果ですよ

1 동사 + た/ました | 2 명사·동사 て형 + ください | 3 ~に/く なる

Scene #9

아르바이트에 익숙해진 浦島 太郎

Track 9

(店で)

太 郎　お客様、ご注文は いかがなさいますか。

お 客　ええと、コーヒー 二つと イチゴの ショートケーキ 一つ ください。

太 郎　はい、かしこまりました。ご注文は 以上で よろしいでしょうか。

お 客　あ、お冷も 一つ お願いします。お冷は 先に くださいね。

太 郎　お冷ですね。少々 お待ち ください。

(帰り道で)

かぐや　上手に なりましたね。

太 郎　かぐやさんの おかげだ。僕一人では 無理だったな。ありがとう。

かぐや　太郎くんが 努力した 結果ですよ。
少しは 慣れましたか、こっちの 生活には。

太 郎　まだまだ。
でも ゆかさんと かぐやさんの おかげで 少しは 楽しくなったかな。
故郷に 帰る チケットを 買うまで 僕、もっと 頑張るよ。

かぐや　故郷か…… まあ、頑張ってね。

새로 나온 단어 Vocabulary

いかが 어떻게
なさる 하시다
イチゴ 딸기
ショートケーキ 쇼트케이크
かしこまりました 알겠습니다
以上(いじょう) 이상

よろしい 좋다, 괜찮다
お冷(おひや) 찬물
先(さき) 먼저, 앞
ください 주세요
少々 お待ちください(しょうしょう おまちください) 잠시 기다려 주십시오

帰り道(かえりみち) 집에 가는 길, 돌아오는 길
なる 되다, ~해지다
おかげ 덕분
一人で(ひとりで) 혼자서
努力(どりょく) 노력

結果(けっか) 결과
少し(すこし) 조금
慣れる(なれる) 익숙해지다
まだまだ 아직
頑張る(がんばる) 계속 노력하다, 열심히 하다

문법

1 동사 + た/ました

先週、広島に 行ってきました。

先生が 太郎さんの 名前を 呼びましたが、太郎さんは 答えませんでした。

昨日 食べた ケーキ、おいしかったね。

さっき 電話した?

カラオケで 5時間も 歌ったよ、もう 疲れた。

2 명사·동사 て형 + ください

あそこの 白い シャツを ください。

すみません、とりあえず 生を 一つ ください。

池袋ですか。2番線の 山の手線の 電車に 乗って ください。

どうして 遅れたのか、事情を 説明して ください。

3 ~に/く なる

彼の 告白を 聞いて 顔が 赤く なりました。

掃除したの? 部屋が きれいに なったね。

今年で 二十歳に なる 息子が います。

새로 나온 단어 Vocabulary

先週(せんしゅう) 지난 주
行ってくる(いってくる) 다녀오다, 갔다 오다
答える(こたえる) 답하다
ケーキ 케이크
カラオケ 노래방
歌う(うたう) 노래하다
もう 벌써, 이미
疲れる(つかれる) 지치다, 피곤하다
とりあえず 우선, 일단
生(なま) (生ビール의 준말) 생맥주
池袋(いけぶくろ) 이케부쿠로
2番線(にばんせん) 2번 레인
山の手線(やまのてせん) 야마노테선
電車(でんしゃ) 전철, 기차
乗る(のる) 타다
どうして 어째서, 왜
遅れる(おくれる) 늦다
事情(じじょう) 사정
説明(せつめい) 설명
告白(こくはく) 고백
聞く(きく) 듣다, 묻다
顔(かお) 얼굴
赤い(あかい) 빨갛다
今年(ことし) 올해
二十歳(はたち) 스무 살
息子(むすこ) 아들

연습문제

1. 다음 문장을 과거형으로 바꾸세요.

(1) クリスさんは みんなの 前で 歌を 歌います。

⇒

(2) 急いで 電話を 切る。

⇒

(3) パーティーの 準備で 母が 家に 来る。

⇒

2. 보기와 같이 주어진 단어를 활용하여 부탁/의뢰하는 문장을 만드세요.

<보기>

書く: ここに お名前を (書いてください)。

(1) **帰る**: 今日は 寒いですので 早く ( )。

(2) **見せる**: 彼女が いるんですか。写真を ( )。

(3) **渡す**: あそこに ある 塩を ( )。

3. 다음 문장을 완성하세요.

(1) 私は 将来、(　　　　　　　) なりたいです。

(2) 冬には 温かい ものが (　　　　　　) なります。

(3) 彼は 見違えるほど (　　　　　) なりました。

4. 다음 문장 중 올바른 문장을 고르고 틀린 문장은 바르게 고치세요.

① 明日までに 返事を ください。

② 昨日、電話する のは 誰?

③ テスト前の 教室は 静かで なる。

④ ここから ゴールまで 走して ください。

새로 나온 단어 Vocabulary

歌(うた) 노래
急ぐ(いそぐ) 서두르다
切る(きる) 자르다, 끊다
準備(じゅんび) 준비
書く(かく) 쓰다
渡す(わたす) 건네다, 전해 주다
塩(しお) 소금
将来(しょうらい) 장래
冬(ふゆ) 겨울
温かい(あたたかい) 따뜻하다
見違える(みちがえる) 잘못 보다, 몰라 보다
ほど ~정도
返事(へんじ) 답장
ゴール 골, 골인 지점

표현해 봅시다

1. 서른 살이 되면 무엇을 하고 싶은지에 대해 서로 대화를 나누어 보세요.

2. 지난 주말에 무엇을 하였는지 일본어로 말해 보세요.

식당에서 쓰이는 일본어

일본에서 식당이나 음식의 종류를 나타낼 때 일식을 和食라 하고 양식을 洋食라 부릅니다. 그에 비해 한식은 韓国料理, 중식은 中華料理라고 부르는 등 일식과 양식을 제외한 다른 나라 음식은 나라 이름 뒤에 料理를 붙여 표현하는 경우가 많습니다.

그럼 일본의 식당에서 자주 쓰이는 표현 중 우리에게 낯선 표현을 살펴볼까요?

ソフトドリンク 식당 메뉴에서 술을 제외한 음료를 가리킵니다.

ドリンクバー 패밀리 레스토랑이나 식당 등에 있는 음료 코너를 말합니다. 일반적으로 술을 제외한 다양한 음료와 커피, 차 등이 구비되어 있으며 일정 요금을 내면 ドリンクバー에 있는 음료를 자유롭게 마실 수 있습니다. 식사와 같이 주문하면 할인된 가격에 주문 가능하며 식사를 하지 않고 ドリンクバー만을 이용할 수도 있기 때문에 친구와 차를 마실 때 카페 대신 패밀리 레스토랑에 가서 ドリンクバー를 이용하는 경우도 있습니다.

お湯/お水/お冷 '물'을 일본어로 水라고 부르는데 이는 보통 상온의 물이나 찬물을 가리킵니다. 일본어에서는 물의 온도에 따라 말이 달라지는데 따뜻한 물은 お湯, 상온~차가운 물을 お水, 아주 차가운 물이나 얼음물을 お冷라고 나누어 이야기합니다.

食べ放題/飲み放題 放題란 마음껏 ~하다, 무제한이라는 뜻으로 食べ放題는 음식을 무제한으로 먹는 것, 飲み放題는 마실 것(술과 무알콜 음료 모두)을 무제한으로 마실 수 있는 것을 뜻합니다. 우리나라의 무한리필과 비슷한 개념으로 시간이 정해져 있습니다.

ラストオーダー 일반적으로 일본 식당은 폐점 시간 1시간~30분 전까지만 음식과 음료를 주문할 수 있는 곳이 많습니다. 이처럼 마지막으로 하는 주문 또는 마지막으로 주문할 수 있는 기회를 ラストオーダー라고 부르며 食べ放題/飲み放題의 경우도 제한시간 안에 ラストオーダー의 시간을 설정해 놓은 경우가 많습니다.

お代わり 우리나라에서 말하는 음식이나 음료의 리필을 お代わり라고 하는데 お代わり 自由라고 하면 무료로 리필 가능하다는 뜻입니다.

メモ

스토리와
함께하는
처음 일본어

第10課

泣かないで

1 동사 + ない

2 ~ないで ください

3 동사 + ましょう

4 ~から

10 泣かないで

1 동사 + ない | 2 ~ないで ください | 3 동사 + ましょう | 4 ~から

Scene #10

고향으로 떠나는 浦島 太郎를 배웅하는 ゆか와 かぐや姫

Track 10

太郎　みんな、ありがとう。二人に 出会って よかった。

ゆか　泣かないで。

太郎　泣く？ 僕は 弱くない。

かぐや　太郎くんは ハンサムじゃ ないけど、
元気な 人だから 心配 いらないよね。

太郎　僕は ハンサムだ!!

ゆか·かぐや　まあね。

アナウンス　2番線に 京都行きの 列車が 入ります。
黄色い 線まで お下がりください。

太郎　もう 時間だ。また どこかで 会いましょう。

ゆか　太郎くん、これ、スマホ。困った ときは 連絡してね。

太郎　あなた、いい 人じゃ ないか。

かぐや　早く 乗って ください。また どこかで 会うよ、私たち。

太郎　それでは……さようなら。

새로 나온 단어 Vocabulary

出会う(であう) 마주치다, 우연히 만나다
泣く(なく) 울다
弱い(よわい) 약하다
列車(れっしゃ) 열차
入る(はいる) 들어가다, 들어오다
線(せん) 선
お下がりください(おさがりください) 물러서 주십시오
また 또, 다시
スマホ 스마트폰
困る(こまる) 곤란하다, 난처하다
とき(時) 때
それでは 그럼

문법

1 동사 + ない

野球を 見に 行かない？

映画を 見ない 人は いない。

彼女は 朝まで 来なかった。

走らない メロスは いらない。

自分に いらない ものは 買わない 方針です。

2 ~ないで ください

子供に 怒らないで ください。

家に 帰って、勉強ばかり しないで ください。

3 동사 + ましょう

メジャーリーガーと 契約したので、今年は 優勝しましょう。

先生から お金を もらったので、みんなで おいしい ものを 食べましょう。

一人で 行くより、私と 一緒に 行きましょう。

4 ~から

毎日 飲むから 彼女に ふられたでしょう。

牛乳だから 体に 優しいです。

あの 店は まずいですから、他を 探しましょう。

새로 나온 단어 Vocabulary

野球(やきゅう) 야구
自分(じぶん) 나
方針(ほうしん) 방침
メジャーリーガー 메이저리거
契約する(けいやくする) 계약하다
優勝(ゆうしょう) 우승
もらう 받다
より ~보다
ふられる(振られる) 차이다
体(からだ) 신체·몸
他(ほか) 다른, 다른 것
探す(さがす) 찾다

연습문제

1. 주어진 단어를 활용하여 보기와 같은 문장을 만드세요.

<보기>

熱が あるから、冷たい 飲み物は 飲まない。

(1) 遊ぶ: 来週は テストだから、今日は 遅くまで (　　　　　)。

(2) 行く: カップルが デートする 公園なので、私一人では (　　　　　)。

(3) 来る: 彼女とは もう 別れたので、今日の 飲み会に 彼女は (　　　　　)。

2. 주어진 단어를 활용하여 보기와 같은 문장을 만드세요.

<보기>

授業中には 寝ないで ください。

(1) タバコを吸う: 病室では (　　　　　)で ください。

(2) 自転車を置く: ここに (　　　　　)で ください。

(3) ボタンを押す: 危ないですから、この (　　　　　)で ください。

3. 주어진 단어를 활용하여 보기와 같은 문장을 만드세요.

<보기>

彼の 友だちと 映画を 見ませんか。
ええ、一緒に 見ましょう。

(1) 今日は ケーキを 食べませんか。

☞ ええ、一緒に (　　　　　　　　　　　　)。

(2) プールに 行って 泳ぎませんか。

☞ ええ、一緒に (　　　　　　　　　　　　)。

(3) ゴミが 多いですので、みんなで 出しませんか。

☞ ええ、一緒に (　　　　　　　　　　　　)。

4. 다음 보기와 가장 뜻이 비슷한 것을 고르세요.

<보기>

寒いですから 部屋で 飲みましょう。

① ご飯を 食べてから、お風呂に 入ります。

② この 本は 友だちから もらいました。

③ マッコリは 米から 作ります。

④ 彼は 受験生だから あまり 遊ぶ 時間が ないです。

새로 나온 단어 Vocabulary

熱(ねつ) 열
来週(らいしゅう) 다음 주
遅い(おそい) 늦다
カップル 커플
別れる(わかれる) 헤어지다
飲み会(のみかい) 회식, 술 마시는 모임
授業中(じゅぎょうちゅう) 수업 중
タバコ 담배
吸う(すう) (담배를) 피우다
病室(びょうしつ) 병실
ボタン 버튼
押す(おす) 밀다, 누르다
危ない(あぶない) 위험하다
プール 풀, 수영장
泳ぐ(およぐ) 헤엄치다
ゴミ 쓰레기
多い(おおい) 많다
出す(だす) 꺼내다, 내놓다
お風呂(おふろ) 목욕, 욕실
マッコリ 막걸리
米(こめ) 쌀
受験生(じゅけんせい) 수험생
あまり 그다지, 너무

표현해 봅시다

1. 다음 질문에 답해 보세요.

試験の 前に しない ことは なんですか。

2. 보기의 문장을 읽고 답해 보세요.

<보기>

ここは 教室です。あなたは 先生です。
この 行動を する 学生に なんと 言いますか。

おにぎりを 食べる。
友だちと 話す。
寝る。
音楽を 聴く。
コーヒーを 飲む。

새로 나온 단어 Vocabulary

試験(しけん) 시험	なんと 뭐라고	音楽(おんがく) 음악
行動(こうどう) 행동	言う(いう) 말하다	聴く(きく) 듣다

COLUMN

일본어로 말한다는 것 !

☞ 자신의 생각을 말해 주세요.

이제 위의 문장 정도는 사전을 찾아 간단하게 일본어로 말할 수 있겠지요? 하지만 이 문장을 정확하게 일본어로 말하기 위해서는 3가지 중요한 고려사항이 있습니다.

먼저 '자신'이라는 표현을 봅시다. 물론 한자어이므로 그대로 '自身'이라는 일본어로 번역하면 되지 않을까 생각할 것입니다. 틀렸다고 할 수는 없습니다만, 이 경우 일본인은 '自身'보다는 '自分'을 사용합니다. '自分'은 한자어이지만, 한국어에는 현재 사용하지 않는 말입니다. 그러나 일본인들은 '「나」의 전부', '스스로'라는 의미로서 '自身'보다 '自分'이라는 표현을 더 일상적으로 사용합니다. '「나」 스스로'라는 뜻을 나타내는 말로서 '自己'라는 표현도 있습니다. 이 말은 한국에서도 그대로 '자기'라고 말합니다. 정리하면, '「나」의 전부', '스스로'를 표현하는 말로서, 일본어로는 '自分', '自身', '自己'를 사용할 수 있지만, 한국어는 '자기'와 '자신', 두 가지만 사용합니다.

두 번째는 '생각'입니다. 사전에서 찾으면 '思い'라든가 '考え'를 발견할 수 있습니다. 그러나 한국어 '생각'은 동사로 '생각하다'가 되면 '머리를 사용해서 사물을 판단하거나 분별한다'에 해당하는 일본어 '考える'의 의미에 확실히 가깝습니다. 그러므로 '생각'의 경우 '考え'를 사용해도 괜찮습니다만, 명사로서의 '생각'은 그보다는 '의견', '방법', '결론' 등을 의미하기 때문에 상황에 의해 각각 번역하는 것이 적절합니다.

마지막으로 '-말해 주세요'라는 표현입니다. 이것은 '말하다'와 '-해 주세요'가 결합한 형태입니다. 즉 '말+을+해 주세요'가 아니지요. 그러므로 위의 경우는 '말하다'와 '-해 주세요'를 찾아 '言ってください'로 표현하면 자연스럽습니다.

이상, 3가지 점을 고려하여 종합하면, 위 문장의 일본어는 다음과 같이 번역하는 것이 좋겠지요.

☞ **自分の(意見 / 方法 / 結論)を言ってください。**

メモ

스토리와
함께하는
처음 일본어

부록 附錄

일본어 동사·형용사 활용표

부록 일본어 동사·형용사 활용표

형용사 활용표

기본형	정중체	부정	과거	과거부정	수식	연결형	부사형	가정형
高い	高いです	高く ない 高く ありません	高かった	高く なかった	高い	高くて	高く	高ければ
静かだ	静かです	静かでは ない 静かでは ありません	静かだった	静かでは なかった	静かな	静かで	静かに	静かなら

동사 활용표

	기본형	ます형	ない형	て형	た형	수식	가정형	명령형	의지형
1그룹 동사	歌う	歌い	歌わない	歌って	歌った	歌う	歌えば	歌え	歌おう
	持つ	持ち	持たない	持って	持った	持つ	持てば	持て	持とう
	移る	移り	移らない	移って	移った	移る	移れば	移れ	移ろう
	飲む	飲み	飲まない	飲んで	飲んだ	飲む	飲めば	飲め	飲もう
	呼ぶ	呼び	呼ばない	呼んで	呼んだ	呼ぶ	呼べば	呼べ	呼ぼう
	死ぬ	死に	死なない	死んで	死んだ	死ぬ	死ねば	死ね	死のう
	咲く	咲き	咲かない	咲いて	咲いた	咲く	咲けば	咲け	咲こう
	泳ぐ	泳ぎ	泳がない	泳いで	泳いだ	泳ぐ	泳げば	泳げ	泳ごう
	話す	話し	話さない	話して	話した	話す	話せば	話せ	話そう
2그룹 동사	食べる	食べ	食べない	食べて	食べた	食べる	食べれば	食べろ	食べよう
	見る	見	見ない	見て	見た	見る	見れば	見ろ	見よう
3그룹 동사	する	し	しない	して	した	する	すれば	しろ	しよう
	くる	き	こない	きて	きた	くる	くれば	こい	こよう

[개정판]

스토리와
함께하는

처음 일본어

가나 쓰기

히라가나(ひらがな) 쓰기

あ	あ	あ	あ	あ	あ
い	い	い	い	い	い
う	う	う	う	う	う
え	え	え	え	え	え
お	お	お	お	お	お

か	か	か	か	か	か
き	き	き	き	き	き
く	く	く	く	く	く
け	け	け	け	け	け
こ	こ	こ	こ	こ	こ

さ	さ	さ	さ	さ	さ
し	し	し	し	し	し
す	す	す	す	す	す
せ	せ	せ	せ	せ	せ
そ	そ	そ	そ	そ	そ

た	た	た	た	た	た
ち	ち	ち	ち	ち	ち
つ	つ	つ	つ	つ	つ
て	て	て	て	て	て
と	と	と	と	と	と

な	な	な	な	な	な
に	に	に	に	に	に
ぬ	ぬ	ぬ	ぬ	ぬ	ぬ
ね	ね	ね	ね	ね	ね
の	の	の	の	の	の

は	は	は	は	は	は
ひ	ひ	ひ	ひ	ひ	ひ
ふ	ふ	ふ	ふ	ふ	ふ
へ	へ	へ	へ	へ	へ
ほ	ほ	ほ	ほ	ほ	ほ

ま	ま	ま	ま	ま	ま
み	み	み	み	み	み
む	む	む	む	む	む
め	め	め	め	め	め
も	も	も	も	も	も

や	や	や	や	や	や
ゆ	ゆ	ゆ	ゆ	ゆ	ゆ
よ	よ	よ	よ	よ	よ

ら	ら	ら	ら	ら	ら
り	り	り	り	り	り
る	る	る	る	る	る
れ	れ	れ	れ	れ	れ
ろ	ろ	ろ	ろ	ろ	ろ

わ	わ	わ	わ	わ	わ
を	を	を	を	を	を
ん	ん	ん	ん	ん	ん

が
ぎ
ぐ
げ
ご
ざ
じ
ず
ぜ
ぞ
だ
ぢ
づ
で
ど

ば								
び								
ぶ								
べ								
ぼ								
ぱ								
ぴ								
ぷ								
ぺ								
ぽ								
きゃ								
きゅ								
きょ								
しゃ								
しゅ								
しょ								

ちゃ								
ちゅ								
ちょ								
にゃ								
にゅ								
にょ								
ひゃ								
ひゅ								
ひょ								
みゃ								
みゅ								
みょ								
りゃ								
りゅ								
りょ								

ぎゃ								
ぎゅ								
ぎょ								
じゃ								
じゅ								
じょ								
ぢゃ								
ぢゅ								
ぢょ								
びゃ								
びゅ								
びょ								
ぴゃ								
ぴゅ								
ぴょ								

● 가타카나(カタカナ) 쓰기 ●

ア	ア	ア	ア	ア	ア
イ	イ	イ	イ	イ	イ
ウ	ウ	ウ	ウ	ウ	ウ
エ	エ	エ	エ	エ	エ
オ	オ	オ	オ	オ	オ

カ	カ	カ	カ	カ	カ
キ	キ	キ	キ	キ	キ
ク	ク	ク	ク	ク	ク
ケ	ケ	ケ	ケ	ケ	ケ
コ	コ	コ	コ	コ	コ

サ	サ	サ	サ	サ	サ
シ	シ	シ	シ	シ	シ
ス	ス	ス	ス	ス	ス
セ	セ	セ	セ	セ	セ
ソ	ソ	ソ	ソ	ソ	ソ

タ	タ	タ	タ	タ	タ
チ	チ	チ	チ	チ	チ
ツ	ツ	ツ	ツ	ツ	ツ
テ	テ	テ	テ	テ	テ
ト	ト	ト	ト	ト	ト

ナ	ナ	ナ	ナ	ナ	ナ
ニ	ニ	ニ	ニ	ニ	ニ
ヌ	ヌ	ヌ	ヌ	ヌ	ヌ
ネ	ネ	ネ	ネ	ネ	ネ
ノ	ノ	ノ	ノ	ノ	ノ

ハ	ハ	ハ	ハ	ハ	ハ
ヒ	ヒ	ヒ	ヒ	ヒ	ヒ
フ	フ	フ	フ	フ	フ
ヘ	ヘ	ヘ	ヘ	ヘ	ヘ
ホ	ホ	ホ	ホ	ホ	ホ

マ	マ	マ	マ	マ	マ
ミ	ミ	ミ	ミ	ミ	ミ
ム	ム	ム	ム	ム	ム
メ	メ	メ	メ	メ	メ
モ	モ	モ	モ	モ	モ

ヤ	ヤ	ヤ	ヤ	ヤ	ヤ
ユ	ユ	ユ	ユ	ユ	ユ
ヨ	ヨ	ヨ	ヨ	ヨ	ヨ

ラ	ラ	ラ	ラ	ラ	ラ
リ	リ	リ	リ	リ	リ
ル	ル	ル	ル	ル	ル
レ	レ	レ	レ	レ	レ
ロ	ロ	ロ	ロ	ロ	ロ

ワ	ワ	ワ	ワ	ワ	ワ
ヲ	ヲ	ヲ	ヲ	ヲ	ヲ
ン	ン	ン	ン	ン	ン

ガ								
ギ								
グ								
ゲ								
ゴ								
ザ								
ジ								
ズ								
ゼ								
ゾ								
ダ								
ヂ								
ヅ								
デ								
ド								

バ

ビ

ブ

ベ

ボ

パ

ピ

プ

ペ

ポ

キャ

キュ

キョ

シャ

シュ

ショ

チャ								
チュ								
チョ								
ニャ								
ニュ								
ニョ								
ヒャ								
ヒュ								
ヒョ								
ミャ								
ミュ								
ミョ								
リャ								
リュ								
リョ								

ギャ								
ギュ								
ギョ								
ジャ								
ジュ								
ジョ								
ヂャ								
ヂュ								
ヂョ								
ビャ								
ビュ								
ビョ								
ピャ								
ピュ								
ピョ								